经济工作方法论

王立胜 等 著

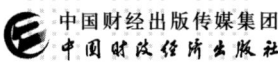

中国财政经济出版社

图书在版编目（CIP）数据

经济工作方法论/王立胜等著. -- 北京：中国财政经济出版社，2023.5

ISBN 978-7-5223-2164-6

I.①经⋯ Ⅱ.①王⋯ Ⅲ.①经济工作-方法论-中国 Ⅳ.① F12-0

中国国家版本馆 CIP 数据核字（2023）第 070182 号

责任编辑：尉　敏	封面设计：豆安国
版式设计：张　敏	责任印制：史大鹏

经济工作方法论

JINGJI GONGZUO FANGFA LUN

中国财政经济出版社 出版

URL：http://www.cfeph.cn

E-mail：cfeph@cfemg.cn

（版权所有　翻印必究）

社址：北京市海淀区阜成路甲 28 号　邮政编码：100142

营销中心电话：010-88191522

天猫网店：中国财政经济出版社旗舰店

网址：https://zgczjjcbs.tmall.com

北京文昌阁彩色印刷有限责任公司印刷　各地新华书店经销

成品尺寸：170mm×240mm　16 开　16 印张　155 千字

2023 年 5 月第 1 版　2023 年 5 月北京第 1 次印刷

定价：48.00 元

ISBN 978-7-5223-2164-6

（图书出现印装问题，本社负责调换，电话：010-88190548）

本社图书质量投诉电话：010-88190744

打击盗版举报热线：010-88191661　QQ：2242791300

前　言

"无以待之，则十百而乱；有以待之，则千万若一。"完成工作任务必须注重工作方法。要想开展好具体工作，完成任务，必须正确地运用方法。只有正确地运用方法，才能深入了解问题的根源、认识事物的本质规律，从而制订出符合实际情况的长远规划和具体目标。

经济工作是党和国家的中心工作，做好经济工作是党治国理政的重大任务。经济工作方法是关系经济目标实现的关键因素，只有工作方法恰当，才能促进经济建设目标的顺利实现。新民主主义革命时期，以毛泽东同志为主要代表的中国共产党人，把马克思列宁主义基本原理同中国具体实际相结合，对经过艰苦探索、付出巨大牺牲积累的一系列独创性经验作了理论概括，开辟了农村包围城市、武装夺取政权的正确革命道路，创立了毛泽东思想，为夺取新民主主义革命胜利指明了正确方向。在"一五"计划实施过程中，经济发展目标和经济工作方法之间的重要性得到了充分体现。"一五"计划提出了一系列的具体措施和目标任务，涉及建设基础设施、发展工业、扩大农业生产、

经济工作方法论

改进金融体制等各个方面，同时，也着重强调了经济工作方法的重要性，包括科学规划、合理调整产业结构、技术革新、节约能源、提高劳动生产率等方面。通过科学的规划和有针对性的政策，"一五"计划取得了举世瞩目的经济成就，为之后的发展奠定了坚实的基础。

经济发展目标是经济工作的出发点和落脚点，而经济工作方法则是达成经济发展目标的手段和路径。在经济发展过程中，经济发展目标和经济工作方法之间相互依存，缺一不可。只有科学规划，才能够实现可持续发展的目标，为人民带来更多的福祉。只有正确把握经济发展目标和经济工作方法之间的关系，才能有效地完成目标任务，推动经济的发展。在制订目标时，要充分考虑实际情况和可行性，根据需要选择合适的方法；而在运用方法时也要考虑目标要求，不断完善和创新方法，以更好地实现目标。

改革开放以来，党紧紧抓住经济建设这个中心，领导人民埋头苦干，创造出经济快速发展奇迹，国家经济实力大幅跃升。从党的十二大到党的十七大，我们党根据国际国内形势发展变化，始终从发展新要求出发，一以贯之地推进改革开放和社会主义现代化建设，并作出全面部署，党中央多次召开全会专题研究部署改革发展稳定重大工作。我国改革从农村实行家庭联产承包责任制率先突破，逐步转向城市经济体制改革并全面铺开，确立社会主义市场经济的改革方向，更大程度更广范围发挥市场在资源配置中的基础性作用，坚持和完善基本经济制度和分配制度。党坚决推进经济体制改革，同时进行政治、

前 言

文化、社会等各领域体制改革，推进党的建设制度改革，不断形成和发展符合当代中国国情、充满生机活力的体制机制。党把对外开放确立为基本国策，从兴办深圳等经济特区、开发开放浦东、推动沿海沿边沿江沿线和内陆中心城市对外开放到加入世界贸易组织，从"引进来"到"走出去"，充分利用国内国际两个市场、两种资源。经过持续推进改革开放，我国实现了从高度集中的计划经济体制到充满活力的社会主义市场经济体制、从封闭半封闭到全方位开放的历史性转变。

为了加快推进社会主义现代化，党坚持以经济建设为中心，坚持发展是硬道理，提出科学技术是第一生产力，实施科教兴国、可持续发展、人才强国等重大战略，推进西部大开发，振兴东北地区等老工业基地，促进中部地区崛起，支持东部地区率先发展，促进城乡、区域协调发展，推进国有企业改革和发展，鼓励和支持发展非公有制经济，加快转变经济发展方式，加强生态环境保护，推动经济持续快速发展，综合国力大幅提升。这些目标的实现，都与经济工作方法密切相关。

科学的思想方法和工作方法，是我们党治国理政十分必要、至关重要的利器。习近平总书记高度重视工作方法，特别是针对经济领域的工作方法。面对我国经济从高速增长阶段转向高质量发展阶段，习近平总书记提出一系列原创性的治国理政新理念新思想新战略，其中旗帜鲜明地强调了经济工作的方法论，如坚持稳中求进工作总基调、坚持系统观念、坚持目标导向和问题导向相结合、坚

经济工作方法论

持集中精力办好自己的事、坚持以钉钉子精神抓落实。同时，他也十分注重以马克思主义哲学思想来指导经济工作实践和探索经济发展规律。党的十八大以来，我国经济发展平衡性、协调性、可持续性明显增强，国内生产总值突破百万亿元大关，人均国内生产总值超过1万美元，国家经济实力、科技实力、综合国力跃上新台阶，我国经济迈上更高质量、更有效率、更加公平、更可持续、更为安全的发展之路。这些成果的取得，正是正确贯彻落实习近平总书记经济工作方法的最好回答。习近平经济思想的方法论对于全面反映习近平新时代中国特色社会主义思想在经济领域的原创性贡献，系统阐释习近平经济思想的基本精神、基本内容、基本要求，对于正确把握中国经济发展怎么看、怎么干等一系列重大理论和实践问题，具有重要意义。

本书分五个部分对习近平总书记提出的五大经济工作方法论进行通俗阐释和系统解读，每一部分对应一种方法论进行重点论述，旨在更好地帮助党员领导干部提高攻坚克难、化解矛盾、驾驭复杂局面的本领、能力和素质，帮助其掌握正确的经济工作策略和方法，进而做好新时代经济工作。

王立胜
2023年5月

目 录

第一章　行稳才能致远
——坚持稳中求进工作总基调

第一节　稳中求进工作总基调是做好经济工作的总方针　/002

第二节　蹄疾步稳启新程　/013

第三节　该进的要进取　/035

第四节　以稳求进、以进固稳："稳"与"进"的辩证统一　/054

第二章　牵一发而动全身
——坚持系统观念

第一节　系统观念的思想源流　/070

第二节　坚持系统观念的理论内涵　/078

第三节　坚持系统观念的实践方略　/095

第三章 有的才能放矢
——坚持目标导向和问题导向相结合

第一节　坚持目标导向和问题导向相结合的理论逻辑　/ 115

第二节　坚持目标导向和问题导向相结合的历史逻辑　/ 129

第三节　坚持目标导向和问题导向相结合的实践逻辑　/ 147

第四章 心无旁骛攻主业
——坚持集中精力办好自己的事

第一节　坚持集中精力办好自己的事的主要内容　/ 164

第二节　坚持集中精力办好自己的事的意义　/ 183

第三节　如何坚持集中精力办好自己的事　/ 194

第五章 一张蓝图绘到底
——坚持以钉钉子精神抓落实

第一节　强调真抓实干，始终是中国共产党的优良传统　/ 216

第二节　抓落实，要一张蓝图绘到底　/ 226

第三节　以钉钉子精神纠治"四风"　/ 231

后　记　/ 243

第一章　**行稳才能致远**
　　——坚持稳中求进工作总基调

习近平总书记指出："稳中求进工作总基调是我们治国理政的重要原则，也是做好经济工作的方法论。"我们做工作要以稳求进、以进固稳，经济发展是这样，社会发展也是这样。[①]

"稳"是基础、是大局，"进"是方向、是目标。坚持稳中求进工作总基调，就是要在稳的前提下积极作为，以稳求进、以进固稳。只有确保了"稳"这个前提，才能有力有效应对前进道路上的各种风险挑战，为构建新发展格局、推动高质量发展提供有利的外部条件；也只有奋发有为地"进"，才能不断实现新进展新突破，为经济社会持续健康发展注入源源不绝的动力。

第一节
稳中求进工作总基调是做好经济工作的总方针

一、新时代面临的挑战与机遇

党的二十大报告提出，我国发展进入战略机遇和风险挑战并存、

[①]《习近平经济思想学习纲要》，人民出版社、学习出版社2022年版，第161页。

不确定难预料因素增多的时期，各种"黑天鹅""灰犀牛"事件随时可能发生。我们所处的时代是一个充满挑战的时代，也是一个充满希望的时代，我国发展面临新的战略机遇。这是以习近平同志为核心的党中央在深刻洞察和科学把握当前国际国内形势基础上作出的准确研判，具有重大的马克思主义方法论意义和现实指导意义。

（一）世界百年未有之大变局正在加速演进

放眼全球，当今世界正在发生深刻影响人类历史发展进程的大变革、大调整、大转折，世界进入新的动荡变革期。百年变局和世纪疫情交织，地区冲突和局部战争不断，国际形势继续发生深刻复杂变化，我国发展环境的复杂性、严峻性、不确定性上升。正如习近平总书记深刻指出的，当前，世界百年未有之大变局加速演进，世界之变、时代之变、历史之变的特征更加明显。

世界之变，不是一域一国之变。世界之变是席卷欧美和亚非拉的全球性重大深刻变化，不仅西方发达国家的政治、经济、社会、文化等矛盾日益加剧，面临何去何从的选择，广大新兴经济体和发展中国家的各方面发展也面临各种矛盾和困难，进一步提升发展水平遭遇越来越多的障碍。一方面，"西强东弱"的总体格局尚未改变；另一方面，"东升西降"的趋势日益明显。世界多极化特征在全球事务和地区事务中都有呈现，主要国家之间的关系重组、竞争合作、摩擦斗争充斥在全球各个角落。

时代之变，不是一时一事之变。在全球化、信息化、数字化这一新的时代背景下发生的重大深刻变化，既体现了你中有我、我中有你的相互依存、共同演化的时代大潮流，又凸显了文明、制度、种族、发达程度等方面的差异、隔阂甚至鸿沟；既彰显了求和平、谋合作、促发展的时代主流，又加剧了各种分歧、矛盾甚至冲突。单边主义、保护主义、霸权主义、强权政治的威胁上升。全球气候变化、大规模传染性疾病、粮食危机、能源危机、移民问题、地区冲突等各种挑战依旧严峻。全球治理赤字、信任赤字、发展赤字、和平赤字有增无减。

历史之变，不是以往的一般之变，而是资本主义和社会主义两种意识形态、两种社会制度在历史演进及较量中发生的有利于社会主义的重大转变。俄国十月革命胜利和一批国家走上社会主义道路，曾震惊世界；苏联解体、东欧剧变，又曾震惊世界；中国特色社会主义取得巨大成功，科学社会主义在21世纪的中国焕发出新的蓬勃活力，再次震惊世界。社会主义的感召力和影响力明显上升，而2008年国际金融危机以来，许多资本主义国家经济持续低迷、失业问题严重、两极分化加剧、社会矛盾加深。两种社会制度的并存和较量，更加清晰地验证：社会主义是人类社会发展的大方向、大趋势。

世界之变、时代之变、历史之变深刻揭示了百年变局变化范围之宏阔、变化程度之深刻、变化影响之久远，世界进入新的动荡变革期。同时，我国改革发展稳定面临不少躲不开、绕不过的深层次矛盾，我国遭遇的风险挑战风高浪急，有时甚至是惊涛骇浪，其复杂性、严峻性前所未有，必须准备好经受风高浪急甚至惊涛骇浪的重大考验。

（二）我国发展面临新的战略机遇

"变"是世界发展的普遍规律，是宇宙万物的基本形态，是不以任何人的意志为转移的客观存在。面对风高浪急的风险挑战，习近平总书记指出："保持定力，增强信心，集中精力办好自己的事情，是我们应对各种风险挑战的关键。"[1] 同时，习近平总书记运用马克思主义战略思维观察形势、分析问题、谋划工作，明确提出"我国发展面临新的战略机遇、新的战略任务、新的战略阶段、新的战略要求、新的战略环境"[2] 的战略判断，高屋建瓴、客观科学。

党的十八大以来，以习近平同志为核心的党中央统筹中华民族伟大复兴战略全局和世界百年未有之大变局，抓住机遇，完成了对党和人民事业具有重大现实意义和深远历史意义的三件大事：一是迎来中国共产党成立100周年；二是中国特色社会主义进入新时代；三是完成脱贫攻坚、全面建成小康社会的历史任务，实现第一个百年奋斗目标。这是中国共产党和中国人民团结奋斗赢得的历史性胜利，是彪炳中华民族发展史册的历史性胜利，也是对世界具有深远影响的历史性

---

[1] 《习近平谈治国理政》第3卷，外文出版社2020年版，第263页。
[2] 《党的二十大报告辅导读本》，人民出版社2022年版，第569页。

胜利。习近平总书记在党的二十大报告中指出："全面建设社会主义现代化国家，是一项伟大而艰巨的事业，前途光明，任重道远。当前，世界百年未有之大变局加速演进，新一轮科技革命和产业变革深入发展，国际力量对比深刻调整，我国发展面临新的战略机遇。"[①]

尽管当前我国需要应对的风险和挑战、需要解决的矛盾和问题比以往更加错综复杂，但综合判断，我国仍然处于重要战略机遇期，继续发展具有多方面优势和条件。未来五年是我国全面建设社会主义现代化国家开局起步的关键时期，我们要增强机遇意识和风险意识，深刻认识和把握发展规律，牢牢把握稳中求进工作总基调，因势利导、顺势而为，紧紧抓住并切实用好我国发展的重要战略机遇期。

二、稳中求进工作总基调

（一）稳中求进工作总基调的提出与落实

"稳中求进"最早见于1996年的中央经济工作会议公报，2011年中央经济工作会议首次将"稳中求进"定为经济社会发展的总基调。党的十八大以来，稳中求进工作总基调出现在历次中央经济工作会议的总体要求和战略部署中，党中央根据不同时期的社会经济发展形势拓展稳中求进的政策内容：2012年强调继续把握好稳中求进的工作总

[①] 习近平：《高举中国特色社会主义伟大旗帜　为全面建设社会主义现代化国家而团结奋斗——在中国共产党第二十次全国代表大会上的报告》，人民出版社2022年版，第26页。

基调；2013年强调坚持稳中求进工作总基调，把改革创新贯穿于经济社会发展各个领域各个环节；2014年强调坚持稳中求进工作总基调，坚持以提高经济发展质量和效益为中心，主动适应经济发展新常态；2015年强调坚持稳中求进工作总基调，坚持稳增长、调结构、惠民生、防风险，实行宏观政策要稳、产业政策要准、微观政策要活、改革政策要实、社会政策要托底的总体思路；2016年强调坚持稳中求进工作总基调，继续深化供给侧结构性改革；2017年强调稳中求进工作总基调是治国理政的重要原则，要长期坚持，将"坚持稳中求进工作总基调"提升到新时代中国特色社会主义基本方略的战略层面；2018年强调坚持稳中求进工作总基调，坚持新发展理念，坚持推动高质量发展；2019年强调坚持稳中求进工作总基调，坚持新发展理念，坚持以供给侧结构性改革为主线，坚持以改革开放为动力；2020年强调坚持稳中求进工作总基调；2021年强调坚持稳中求进工作总基调，完整、准确、全面贯彻新发展理念，加快构建新发展格局；2022年强调坚持稳字当头、稳中求进。

党的二十大报告中再一次强调要遵循稳中求进工作总基调，统筹发展和安全，"我们始终从国情出发想问题、作决策、办事情，既不好高骛远，也不因循守旧，保持历史耐心，坚持稳中求进、循序渐进、持续推进"[①]。

[①] 习近平：《高举中国特色社会主义伟大旗帜　为全面建设社会主义现代化国家而团结奋斗——在中国共产党第二十次全国代表大会上的报告》，人民出版社2022年版，第22页。

(二)稳中求进工作总基调的科学内涵

2011年中央经济工作会议将稳中求进的内涵确定为:"稳,就是要保持宏观经济政策基本稳定,保持经济平稳较快发展,保持物价总水平基本稳定,保持社会大局稳定。进,就是要继续抓住和用好我国发展的重要战略机遇期,在转变经济发展方式上取得新进展,在深化改革开放上取得新突破,在改善民生上取得新成效。"[①]

2022年出版的《习近平经济思想学习纲要》中将稳中求进工作总基调作为方法论进行了论述,并对稳中求进的内涵进行了更新,具体为:"该稳的要稳住。稳是大局,关键是保持经济社会大局稳定。当前,稳的重点要放在稳住经济运行上,确保增长、就业、物价不出现大的波动,确保金融不出现区域性系统性风险。要科学精准做好疫情防控工作,稳住经济基本盘,积极推出有利于经济稳定的政策,政策发力适当靠前,兜住民生底线。

"该进的要进取。进的重点要放在调整经济结构和深化改革开放上,在稳的基础上积极进取,提高经济质量效益和核心竞争力,培育壮大新的经济增长点增长极,牢牢把握发展主动权,确保转变经济发展方式和创新驱动发展取得新成效。

"稳和进是辩证统一的,要作为一个整体来把握。稳是主基调,要在坚持稳字当头、保持大局稳定的前提下谋进。稳中求进不是无所

---

① 国务院研究室编写组:《十一届全国人大五次会议〈政府工作报告〉辅导读本》,人民出版社、中国言实出版社2012年版,第134页。

作为，不是强力维稳、机械求稳，而是要在把握好度的前提下有所作为，恰到好处，把握好平衡，把握好时机。稳和进要相互促进，推进各项工作都要审时度势、深思熟虑、尊重规律，既反对消极应付、不思进取，又反对冲动蛮干、急于求成，不能把长期目标短期化、系统目标碎片化，不能把持久战打成突击战，也不能把攻坚战打成消耗战。要坚持先立后破、稳扎稳打，把稳增长、调结构、推改革有机结合起来，保持战略定力和耐心，既稳妥把握改革开放和结构调整各项举措，又通过改革开放和结构调整的新进展巩固经济社会稳定大局。"①

（三）稳中求进工作总基调是做好经济工作的方法论

《习近平经济思想学习纲要》中明确将坚持稳中求进工作总基调作为做好经济工作的方法论。稳中求进工作总基调，是在深刻反思、总结以往国际国内经验和教训的基础上提出来的，是科学的、全面的、均衡的、可持续的治国理政的重要原则和方法论。

所谓稳中求进，就是既要"稳"，也要"进"，应正确认识和处理"稳"与"进"的关系。"稳"是前提、是基础，奠定了社会各项事业的大局；"进"是目标、是方向，明确了改革与发展的方向。不稳无法进，不进难以稳，两者相辅相成、相互促进，揭示了变与不变的相对性。因此，要用全面的、系统的、辩证的思维看待二者之间的

---

① 《习近平经济思想学习纲要》，人民出版社、学习出版社2022年版，第162—163页。

关系。只求稳不求进，会导致社会停滞不前；只求进不求稳，会导致社会动荡起伏，两种情况都将造成社会发展的不持续性。因此，必须科学把握稳中求进工作总基调，处理好改革、发展、稳定三者之间的关系。

稳中求进工作总基调是中国共产党关于社会主义现代化建设方法论的凝练与升华，是非常重要的方法论，体现了辩证唯物论"一切从实际出发"的根本要求，彰显了唯物辩证法的根本规律。坚持稳中求进工作总基调，体现了以习近平同志为核心的党中央对新形势下经济社会发展规律的科学认识，体现了我们党领导经济工作的思想方法和智慧。

当前，百年变局与世纪疫情交织叠加，我国经济社会发展面临复杂多变的形势。从马克思主义方法论的高度自觉把握稳中求进的原则要求，为我们推动经济高质量发展提供了战略思路，对于坚决贯彻党中央对经济工作的科学部署具有重大现实意义。如何更好把握"稳"与"进"的方法论，并运用到推动经济社会发展的各项工作中去，显得尤为重要。坚持稳中求进工作总基调，要通过保持战略定力、恪守底线思维，坚持问题导向、推进创新驱动，全面统筹协调、深化法治保障的实践遵循，努力实现经济社会发展大局在稳中求进、在进中求变、在变中创新。聚焦到当前，就是要坚持稳中求进工作总基调，稳住经济基本盘，同时，培育壮大新的增长点、增长极，把我国发展的巨大潜力和强大动能充分释放出来，循序渐进推动经济高质量发展。唯有如此，才能在应对一系列风险挑战中始终把握住发展的主动权。

三、坚持稳中求进工作总基调是我国经济持续健康发展的重要保证

经济工作是党和国家的中心工作，坚持以经济建设为中心是解决当代中国一切问题的根本要求。进入新时代，我国社会主要矛盾已经转化为人民日益增长的美好生活需要和不平衡不充分的发展之间的矛盾。解决发展不平衡不充分问题，更好满足人民对美好生活的需要，更好推动人的全面发展和社会全面进步，最根本的仍然在于坚持以经济建设为中心，着力抓好发展这个党执政兴国的第一要务。党的十八大以来，党中央反复强调坚持稳中求进工作总基调，面对错综复杂的国际形势和艰巨繁重的国内改革发展稳定任务，以习近平同志为核心的党中央把坚持稳中求进工作总基调作为做好经济工作的方法论和治国理政的重要原则。我国经济建设取得历史性成就、发生历史性变革，经济发展平衡性、协调性、可持续性明显增强，国内生产总值突破百万亿元大关，人均国内生产总值超过1万美元，国家经济实力、科技实力、综合国力跃上新台阶，我国经济迈上更高质量、更有效率、更加公平、更可持续、更为安全的发展之路。

坚持稳中求进工作总基调，是对党的十八大以来我国改革开放和社会主义现代化建设取得历史性成就原因的深刻总结，也是对以习近平同志为核心的党中央谋划和领导经济工作乃至改革开放和社会主义现代化建设成功经验的深刻揭示。党的二十大报告明确指出："没有坚

实的物质技术基础，就不可能全面建成社会主义现代化强国。必须完整、准确、全面贯彻新发展理念，坚持社会主义市场经济改革方向，坚持高水平对外开放，加快构建以国内大循环为主体、国内国际双循环相互促进的新发展格局。"① 当前，我国发展面临诸多难题，如经济增长迫切需要新动力，民生建设短板亟须补齐，资源环境压力不断增大，意识形态斗争日趋复杂。改革发展的任务仍然艰巨复杂。要想如期完成改革发展的艰巨任务，既要有"饭要一口一口吃，路要一步一步走"的耐心和恒心，又要有"撸起袖子加油干"的热情和闯劲，这正是坚持稳中求进工作总基调的要求。唯有坚持稳中求进，才能既尊重历史发展规律，筑牢基础、稳扎稳打；又抢抓历史机遇，重点突破、锐意进取，确保蹄疾步稳推进改革各项任务。

事实最有说服力。党的十八大以来，我国经济平稳健康发展、经济发展质量和水平不断提升的实践成果充分证明，以习近平同志为核心的党中央关于经济工作的总体要求是完全正确的，稳中求进是一条成功经验。把高质量发展的实践推向前进，需要继续坚持稳中求进工作总基调。

---

① 习近平：《高举中国特色社会主义伟大旗帜 为全面建设社会主义现代化国家而团结奋斗——在中国共产党第二十次全国代表大会上的报告》，人民出版社2022年版，第28页。

第二节　踔疾步稳启新程

踔疾更需步稳，踔厉奋发启新程。习近平总书记在党的二十大报告中阐述了过去五年的工作和新时代十年的伟大变革。十年砥砺奋进，十年成就非凡，中国经济实力实现历史性跃升。下一阶段，我国将按照党的二十大确定的行动纲领和大政方针，完整、准确、全面贯彻新发展理念，加快构建新发展格局，着力推动高质量发展，更好统筹发展和安全。

一、经济运行是"稳"的重点

党的十八大以来，我们党着眼我国发展阶段、发展环境、发展条件变化，不断深化对经济形势和任务的认识，针对发展不平衡、不协调、不可持续的问题，指出我国经济发展进入新常态，已由高速增长阶段转向高质量发展阶段，面临增长速度换挡期、结构调整阵痛期、前期刺激政策消化期"三期叠加"的复杂局面，强调不能简单以生产总值增长率论英雄，必须推动高质量发展、深化供给侧结构性改革。[①] 这些重大判断系统回答了"经济形势怎么看、经济工作怎么干"的问题，推动我国经济社会持续健康发展。

---

① 参见《习近平谈治国理政》第3卷，外文出版社2020年版，第234页。

经济工作方法论

（一）稳增长是我国经济工作的重头戏

党的二十大为中国的稳步发展指明了方向，中国经济已经具备长期创新增长的韧性。稳增长是当前及今后一段时间经济工作的重头戏。国家出台了稳住经济一揽子政策措施，地方实施了一系列因地制宜举措，包括减税降费、增加信贷、兜住兜牢民生底线等内容。在当前经济企稳状态下，下一步的工作重点要从传统的复工复产、疫情纾困，转向市场内生动能的培育。培育市场内生动能，不仅要求政策保持一定力度，也要求调整政策着力点。一是必须持续关注大型项目、大型企业对中小企业的渗透效应。二是要全面启动民间投资，调整市场预期。预期调整虽然复杂，但根本在于收益率的变化。三是要更关注房地产的重要性。一方面，市场性调整不宜过快；另一方面，政府行动特别是保障性住房建设力度应当适度提升，这有利于在我国长期战略转型和短期稳宏观经济之间达成契合，避免稳增长和控风险出现冲突。要实现这一目标，就需要下一步在市场内生动能方面做好文章。

📑 案例展示

浙江：多措并举　加强住房保障[①]

住房保障是促进共同富裕的重要举措。2022年以来，浙江

[①] 参见《安居绍兴·保障性租赁住房典型案例②》，乐居网2022年4月27日。

第一章　行稳才能致远——坚持稳中求进工作总基调

省绍兴市柯桥区深入贯彻落实国务院办公厅《关于加快发展保障性租赁住房的意见》、浙江省《关于加快发展保障性租赁住房的指导意见》等文件精神，牢固树立加快建立多主体供给、多渠道保障、租购并举的住房制度的宗旨，对照绍兴市人民政府办公室《关于加快发展保障性租赁住房的实施意见》重点任务和职能要求，已出台柯桥区《加快发展保障性租赁住房实施方案》，多措并举开展各项工作。"十四五"期间，柯桥区将建设筹集保障性租赁住房237万套。到2025年，以保障性租赁住房、公共租赁住房为主体的城镇住房保障体系基本完善，多主体投资、多渠道供给、租购并举的住房制度基本建立，为奋力打造高质量发展建设共同富裕示范区范例夯实"安居"保障。

我们不能把风险关注点放在外部，而是应该放在内部。不宜过度放大短期风险，而忽视一些中期的、结构性的、改革过程中的风险。我们需要更多关注一些中期问题，不仅是宏观经济政策短期稳增长和中期可持续性之间的匹配问题，更重要的是稳增长的宏观政策与中期结构性调整与改革方案的权衡问题。需要对风险有战略性的认识和研判，唯有如此，才能把控好短期政策。我们要坚定信心，在不确定性冲击中看见我国经济基本面的确定性，发现我国宏观政策调控的巨大空间，看到时与势仍然在我们这一边。深入研判各种主要矛盾和主要风险，将党中央决策部署落到实处，坚定不移做好自己的事情，如此就一定能持续巩固经济回升向好趋势，穿越暂时波动，实现长期增长。

（二）要推动经济实现质的有效提升和量的合理增长

习近平总书记在党的二十大报告中提出，要推动经济实现质的有效提升和量的合理增长。面对国际环境更趋复杂严峻和国内疫情散发的局面，我国经济交出了一份来之不易的答卷。生产供给继续恢复，就业物价总体平稳，对外贸易增势良好，民生保障有力有效，经济延续恢复态势，这充分表明中国经济稳中向好、长期向好的基本面没有变，具有强大的韧性和活力。

要实现更有力的复苏，首先要扎扎实实落实好前期政策，这是最基本的。目前，既定的政策及陆续推出的增量政策，力度很大。要高度关注政策落地情况。

要提前对新一轮稳增长增量政策进行布局。在拓展财政政策空间方面，可以考虑提前下达2023年专项债额度，可以考虑进一步提高预算赤字率，甚至发行特别国债。未来经济运行仍面临一定的不确定性，要让政策空间保持一定规模，保持政策的冗余度，确保能实现有效对冲。当然，是否提升赤字率，是否发行特别国债，都具有一定相机性，要视情况而定。但我们要提前做好方案，要利用党的二十大所带来的新契机，使我们的短期复苏政策与我国的改革发展政策相契合。

（三）实体经济是发展经济的着力点

实体经济是一国经济的立身之本、财富之源，是构筑未来发展战略优势的重要支撑。党的二十大报告指出，坚持把发展经济的着力点放在实体经济上。这一点在党的十九大报告中就已经落定锚点，党的二十大报告再次强调，彰显了党中央对强大实体经济、增添经济发展后劲，确保高质量发展行稳致远的战略定力。党的十八大以来，以习近平同志为核心的党中央准确把握新发展阶段、全面贯彻新发展理念、加快构建新发展格局，采取一系列举措全力支持实体经济发展，巩固和发展全球最全工业门类，建成世界最大的高速铁路网、高速公路网，加强原创性、引领性科技攻关，坚决遏制经济发展脱实向虚……十年来，我国经济沿着高质量发展轨道阔步向前，"把发展经济的着力点放在实体经济上"这一核心逻辑始终不变。

做强做优实体经济，必须加快实施创新驱动发展战略，提升现代经济体系核心竞争力，开辟发展新领域新赛道，不断塑造发展新动能新优势。面对复杂多变的外部环境和国内发展转型压力，我国实体经济正经历艰难爬坡。精准聚焦问题，党和国家及时出台财政、货币支持政策：金融支持实体经济的力度不断加大，有效缓解企业融资难、融资贵问题；加大科技创新税前扣除比例，激励企业增加对实体经济的长期投资和价值投资……从业者更加心无旁骛做实业、聚精会神谋创新。习近平总书记在多个场合指出，不论经济发展到什么时候，实体经济都是我国经济发展、我们在国际经济竞争中赢得主动的根基。夯实实体经济根基,以实实在在的劳动创造价值,中国经济大树必会根深叶茂、生机勃发,中国必将在高质量发展中赢得主动、赢得未来。

(四)科学应对中国面临的"危"与"机"

党的二十大报告深刻阐述了过去五年工作和新时代十年的伟大变革,对全面建成社会主义现代化强国两步走战略安排进行宏观展望,科学谋划未来五年乃至更长时期党和国家事业发展的目标任务和大政方针。

在全球处于新时期全面开启、经济总量和结构全面调整的情况下,中国面临着"危"与"机"。第一,全球增长中枢的下降,不可避免会导致中国经济增速的下滑。第二,全球物价水平持续升高,我国的物价水平始终保持着稳定的状态。这样一个价格缺口的出现,恰恰是中国作为全球制造中心的大国地位重塑或突围的好时点。第三,在目前全球金融风险全面上扬、美元指数虽然有所上扬但交易水平下降的状况下,中国应当会成为未来国际资本很重要的集聚地。第四,全球资本市场调整,欧美可能刚刚开始,而我国已经进入深度调整阶段,再坚持几个月,触底回升的迹象应该会全面显现。如果与世界进行比较,中国经济从未来增长、未来金融条件指数的变化、未来通胀的变化、未来金融市场价格变化的角度,应该会在世界经济新低迷、全球滞胀的环境中寻找到信心回升的支点。对中国经济的回升应持乐观态度,一是中国结构性变化已经全面展开,二是整个世界经济中未来动态调整的相对关系对中国有利。目前市场主体应该在全球滞胀的过程中寻找到未来经济发展的新动能、新支撑点，这会使我们的信心得到转折性的变化。

当然，我们一方面要认识到这种格局性的变化；另一方面在政策上要抓住转危为机的契机，在改革方面要有进一步的举措，要充分回应市场主体，特别是民营经济主体所关心的问题，给予肯定性、确定性的回答，这样更有利于树立我们对市场的信心。树立信心，一方面是转换视角，从世界的角度看中国；另一方面是从未来改革的角度看中国。未来在现代化新征程上所推出的改革战略和进一步稳经济的新政策是值得我国市场主体期待的。总的来看，党的二十大报告在政策上以梳理近年来重大战略、对战略进行重新定位为主，这凸显了我国发展战略的稳定性与可预期性。

当前，我国处于近代以来最好的发展时期，世界处于百年未有之大变局，两者同步交织、相互激荡。中华民族伟大复兴战略全局和世界百年未有之大变局之间有着多方面、深层次的联动关系，在世界大变局中，中国持续快速发展，中华民族伟大复兴不断向前推进，成为世界格局演变背后的主要推动力量。要坚持正确的历史观、大局观、发展观，发挥历史主动、发扬斗争精神，更好统筹中华民族伟大复兴战略全局和世界百年未有之大变局，更好引领世界大变局朝着有利于中华民族伟大复兴、有利于世界和平与进步的方向发展。在新的战略目标和中心任务的指引下，政策提质增效面临新要求。在前进道路上，沿着正确的方向笃志前行，中国人民正在继续书写伟大事业的新篇章。

二、兜住"民生底线"是"稳"的前提

人民对美好生活的向往就是我们的奋斗目标。历史地看，我们党干革命、搞建设、抓改革，都是为了让人民过上幸福生活。党的十八大以来，以习近平同志为核心的党中央鲜明提出了坚持以人民为中心的发展思想，把增进人民福祉、促进人的全面发展、朝着共同富裕方向稳步前进作为经济发展的出发点和落脚点。

（一）确保兜住兜牢民生底线，持续改善民生

治国有常，而利民为本。社会政策要兜住兜牢民生底线是人民至上的生动写照，是中国经济稳中求进的温暖底色。习近平总书记对保障和改善民生作出一系列重要指示："越是发生疫情，越要注意做好保障和改善民生工作""民生稳，人心就稳，社会就稳""民生是人民幸福之基、社会和谐之本""要坚持以人民为中心的发展思想，扎实办好民生实事"。兜住兜牢各类困难群众民生底线是党和国家的一项重要工作。社会救助事关困难群众基本生活和衣食冷暖，是保障基本民生、促进社会公平、维护社会稳定的兜底性、基础性制度安排。

第一章　行稳才能致远——坚持稳中求进工作总基调

📋 案例展示

江西：优服务、强保障，就业底线兜得牢①

"咋还不让出去呀?!"2020年2月里，眼看村门依旧紧闭，刘诗环忍不住跟村口执勤的刘堂标嘟哝起来。

刘诗环心里急啊。去年底，大哥家里的山药受了旱，收成差，就指着开春外出打工，补贴家用。

"老好人都着急上火，还是为了家里吃口饭哪！"身为江西瑞昌高丰镇严坪村村主任，刘堂标也为贫困户刘诗环着急，时刻帮他盯着复工复产的新通知。

关键时刻，瑞昌市的走访帮扶工作小组带来好消息：市里全面启动复工复产，急缺3.8万人手，仅LED科技园就缺2328人。

走，去LED科技园！在刘堂标的陪同下，刘诗环很快与宝山电光源签订了用工协议。下料、切割、冲压、折弯……两个多月过去，每月的保底薪资有2800元。"和之前收入比并不差，还方便照顾家里。"刘诗环说。

清明节假期，刘诗环帮着大哥把山药种下，只等除草施肥，秋天再回乡帮忙采收。一家子的生活再次回归正轨。

有活干、有钱挣，老百姓的心里就踏实。瑞昌对贫困劳动

---

① 参见李心萍等：《保居民就业——让千家万户端稳饭碗（在危机中育新机 于变局中开新局）》，《人民日报》2020年6月9日。

力的帮扶是全方位的：想出省务工的，给500元交通补贴，外加500元生活补贴；想留乡就业，千方百计挖掘当地就业岗位，送岗上门；求职上岗有困难的，还有公益岗位托底安置。

"我们在每个村都增设2个临时性公益岗位，每月可享补贴1000元，连供3个月。"瑞昌市人社局相关负责人陈绪洪说。

真金白银的兜底保障也正在稳步发放。一季度，江西省累计发放吸纳城乡贫困劳动力就业补贴185万元、一次性交通补贴504万元。全省新开发公益性岗位1.6万个，发放公益性岗位补贴1421万元。

"让老百姓过上好日子是我们一切工作的出发点和落脚点"[1]。经过数十年发展，我国综合国力显著提升、人民生活显著改善，但发展不平衡、不充分的现象也客观存在。兜住兜牢民生底线，要做好普惠性、基础性、兜底性民生建设，让改革发展成果更多更公平惠及全体人民。保民生就是保稳定，抓民生也是抓发展。一方面，做好民生工作是稳人心、稳大局的重要基础；另一方面，做好民生工作也是有效扩大国内需求、推动高质量发展的重要着力点。因此，经济发展形势越是严峻复杂，越要坚定不移兜住兜牢民生底线。

---

[1] 《中共中央关于党的百年奋斗重大成就和历史经验的决议》，人民出版社2021年版，第47页。

（二）兜住兜牢民生底线，要统筹推进经济发展和民生保障

解决好高校毕业生等青年就业问题，健全灵活就业劳动用工和社会保障政策，推进基本养老保险全国统筹，推动新的生育政策落地见效，积极应对人口老龄化……持续推动解决群众的急难愁盼问题。把人民的冷暖始终装在心里，从最困难的群体入手，从最具体的工作抓起，做好雪中送炭的事，不搞"花架子""空壳子"，不能"垒大户""造盆景"，切实把好事做实。

民生无小事，枝叶总关情。对困难群众的兜底保障，体现的是党和政府的民生厚度、政策温度，以及全社会的文明程度。为低保对象、特困人员增发一次性生活补贴，受疫情影响严重地区可为临时生活困难群众发放一次性临时救助金，统筹运用发放实物、现金和提供服务等方式……民政部、财政部联合印发《关于切实保障好困难群众基本生活的通知》，部署各地全面落实党中央、国务院关于扎实稳住经济、完善社会民生兜底保障措施有关要求。从扎实做好低保等基本生活救助工作，到加强对未参加失业保险的无生活来源失业人员的救助帮扶，再到简化优化救助程序、逐步推行社会救助全流程线上办理，一系列务实举措，为保障好城乡困难群众基本生活提供了有力支撑。

📋 案例展示

福建：拓渠道、挖潜力，重点群体有岗位[①]

一个专业对口的岗位、一间整洁的人才公寓、一份体面的工资收入……2020年"五一"假期刚过，李贤龙就收到了来自福建省宁德新能源科技有限公司的录用通知。

"没想到还能找到这样称心如意的工作！"作为福州大学本科应届毕业生，李贤龙形容自己的求职经历既意外又幸运。

考研笔试成绩不理想，疫情冲击导致校招暂停，多重因素叠加让家里条件本就困难的李贤龙，急得不行。在福州大学，像李贤龙一样面临求职困境的学生还有不少。

怎么办？拓渠道、挖潜力、保需求！23万个高品质就业岗位，6场线上大型招聘会，9场分行业、分学科的联合线上招聘活动……2月以来，福州大学主动联系用人单位、人才机构、合作单位和校友资源，广泛收集各地各类型的招聘信息并进行筛选、分类，大量的就业岗位被带进线上、走向网端。

同时，一场大型学生就业帮扶也在福州大学开展。在线上咨询室里，李贤龙在辅导员何杰的引导下，明确职业目标，确定就业方向，"大学生就要紧跟国家战略，沿着新经济、新业态方向规划职业生涯"。

[①] 参见李心萍等：《保居民就业——让千家万户端稳饭碗（在危机中育新机 于变局中开新局）》，《人民日报》2020年6月9日。

2月底,李贤龙再次鼓起勇气,在学校就业指导中心网站上参加了线上双选会。笔试、面试、小组讨论、签约……这一次,李贤龙一路过关斩将,更令他惊喜的是,企业所在地宁德市还给他分配了一套人才公寓,免租期长达一年。

22.8万人!今年福建省高校毕业生数量再创新高。"我们已经举办了200多场网络招聘会,10多万毕业生报名应聘,真正做到日日有招聘、时时有服务,全力帮助高校毕业生顺利毕业、成功就业。"福建省教育厅有关负责人介绍。

我国经济韧性强,长期向好的基本面不会改变;我国建成世界上规模最大的社会保障体系,十亿二千万人拥有基本养老保险,十三亿六千万人拥有基本医疗保险……这些为兜住兜牢民生底线奠定了良好基础。各地各部门要把思想认识统一到党的二十大精神上来、落实到行动上,及时采取有力有效措施,确保兜住兜牢民生底线,持续改善民生,助力稳定宏观经济大盘、保持社会大局稳定。

(三)兜住兜牢基本民生保障底线,需扩大覆盖面、提高精准性

习近平总书记指出:"对困难群众,我们要格外关注、格外关爱、格外关心,帮助他们排忧解难。"[1] 坚持以人民为中心,做好困难群众

---

[1] 《习近平在看望参加政协会议的农业界社会福利和社会保障界委员时强调 把提高农业综合生产能力放在更加突出的位置 在推动社会保障事业高质量发展上持续用力》,《人民日报》2022年3月7日。

基本生活保障工作，加大对因疫因灾遇困群众的临时救助力度。这既是保障人民群众生存权、发展权的题中应有之义，也是高效统筹疫情防控和经济社会发展的必然要求。

在确保低保制度持续平稳运行的基础上，还要重点关注失业人员、灵活就业人员、低保边缘人口、防止返贫监测对象等，综合运用各种手段、加大摸排力度、加强动态管理、及时发现救助需求，做到早发现、早介入、早救助，实现应保尽保、应救尽救、不落一人。实践中，一些地方利用互联网、大数据等手段和资源，变"人找政策"为"政策找人"，主动发现困难群众，消除了救助保障盲区，推进了精准救助。同时，也要瞄准困难群众的实际需求，实施分类化、差异化救助，在解燃眉之急的同时，帮助他们增强自我发展的动力和能力。

📑 案例展示

广东：撑企业、渡难关，手中饭碗稳下来[①]

广东江门市，位于高新技术工业园的奔力达电路板集团，往常要运转到晚上10点的设备，现在晚上7点就歇了下来。

"公司外销比例一下从高峰期的50%下滑到30%，库存也从往常的3万平方米增加到5万平方米。"人力资源部经理陈健

[①] 参见李心萍等：《保居民就业——让千家万户端稳饭碗（在危机中育新机 于变局中开新局）》，《人民日报》2020年6月9日。

坦言，受境外疫情蔓延影响，节后一度高产满产的奔力达不得不放慢脚步。

可陈健并未因此慌乱，人社局返还的失业保险稳岗补贴和一次性吸纳就业补贴11.7万元已经到账，再加上减免的社保费123万元，资金流还算充裕。公司1100多名员工全员在岗，一个不裁，还准备抓培训、练内功。

已入职奔力达3年的徐毅又重新当起了"学徒"。此刻，徐毅正披着车间的灯光，在师傅手把手的指导下，学着操作高精密度钻机，在覆铜板上打出直径不到0.2毫米的小孔。

"生产不那么忙，我们正好把精力用来谋转型。"陈健说，公司正从电视、照明电路板向5G基站电源电路板转型，有120名员工参加新技能培训，占员工总数的10%。

"5G基站电源电路板上的线路更细更密，孔径更小，还得接着练。"徐毅计划将0.2毫米的小孔彻底拿下。

无独有偶，在与江门相隔不到150公里的东莞，同样面临外销压力的精丽制罐也选择千方百计稳定员工队伍。

"公司产品九成靠出口，2月复工赶完节前订单后，订单量就大幅缩减。"面对全球疫情蔓延带来的冲击，精丽制罐人事行政总监周燕一度眉头紧锁。

紧急关头，一系列暖企、稳岗、减负政策的到来为周燕解了愁。"有了稳岗补贴，我们就能稳定队伍，同时通过优化岗位设置,进一步节约成本,安心等待市场回暖的那一天。"周燕说。

疫情冲击下,全球市场需求下滑,作为全球重要的制造业基地,珠三角首当其冲,怎么办?

"保企业就是保居民就业!"东莞市石排镇党委书记邵宏武的回答掷地有声。2月以来,仅石排镇就为企业减租超千万元,为156家中小微企业发放贷款6.38亿元,减免社保费1.2亿元。东莞市财政一般公共预算更是安排各类稳就业经费2.53亿元,全力稳定企业就业岗位。

如今,我国已逐步建立起一整套社会救助制度,实现了弱有所扶、困有所助、难有所帮。要持续完善社会救助制度,让救助更有力度、识别更有精度、帮扶更有温度,就一定能为困难群众兜住底、兜牢底、兜好底,在新征程上凝聚"一起向未来"的磅礴力量。

(四)兜住民生底线,为劳动者"饭碗"注入"稳力量"

就业乃民生之本,也是财富之源。党的二十大报告提出,强化就业优先政策,健全就业促进机制,促进高质量充分就业。当前,中国就业总量压力不减,结构性矛盾凸显,"更稳定的工作"成为民之所盼。党的二十大报告瞄准就业的难点、焦点,部署实施就业优先战略,强化支持、破除歧视、加强保障,为劳动者端好"饭碗"注入稳稳的力量。

第一，强化就业优先政策。过去十年，中国城镇新增就业人数年均超过1300万人。2022年全国新增城镇就业目标是1100万人以上，但当前不确定、不稳定因素增多，就业工作仍面临不小的挑战。我国过去强调"坚持"就业优先，党的二十大报告强调"强化"就业优先，一词之变彰显稳就业决心和力度有增无减。要实现更加充分、更高质量就业，抓住重点群体是关键。党的二十大报告要求，健全就业公共服务体系，完善重点群体就业支持体系，加强困难群体就业兜底帮扶。稳住高校毕业生、农民工、就业困难人员等重点群体的工作，对于稳定就业大局至关重要，尤其是2022年高校毕业生人数首次突破千万大关，解决他们的就业更是重中之重，预计对这些重点群体的就业支持措施会更加完善更有力度。

第二，消除就业歧视。党的十九大报告提出的"破除妨碍劳动力、人才社会性流动的体制机制弊端，使人人都有通过辛勤劳动实现自身发展的机会"，党的二十大报告增加了"消除影响平等就业的不合理限制和就业歧视"这句话。消除就业歧视，已成为劳动者的急切期盼。在就业总量大的压力之下，各种隐性或显性的就业歧视不断滋生，年龄歧视、学历歧视、性别歧视……五花八门的限制门槛成了很多人就业路上的"拦路虎"。党的二十大报告强调促进机会公平，而消除影响平等就业的不合理限制和就业歧视正是促进机会公平的应有之义，预计会进一步出台让劳动者免遭歧视的政策细则，进一步营造公平竞争的环境。只有消除了不合理限制和就业歧视，才能让劳动者更顺利进入职场，通过勤奋劳动实现自身发展。

第三，加强权益保障。党的二十大报告提出，支持和规范发展新就业形态。健全劳动法律法规，完善劳动关系协商协调机制，完善劳动者权益保障制度，加强灵活就业和新就业形态劳动者权益保障。随着平台经济的发展，新就业形态层出不穷，网约配送员、网约车驾驶员等劳动者数量大幅增加。相关数据显示，中国灵活就业人员数量超过两亿人。但很多灵活就业者被"困在系统里、绑在算法上、捆在抽成里、游离在社保外"，正当权益容易遭到侵害。

进入新时代，我国社会主要矛盾已经转化为人民日益增长的美好生活需要和不平衡不充分的发展之间的矛盾，人民对美好生活的向往更加强烈，人民群众的需要呈现多样化多层次多方面的特点，期盼有更好的教育、更稳定的工作、更满意的收入、更可靠的社会保障、更高水平的医疗卫生服务、更舒适的居住条件、更优美的环境、更丰富的精神文化生活。为此，要始终坚持以人民为中心的发展思想，顺应人民群众对美好生活的向往，紧扣我国社会主要矛盾变化，积极回应人民群众所想、所盼、所急，始终全心全意为人民服务，始终为人民利益和幸福而努力工作，不断把为人民造福事业推向前进。

三、确保金融市场稳定，避免系统性金融风险

确保金融市场稳定，防范化解系统性金融风险，需要以党的二十大精神为指引，坚持稳中求进工作总基调，遵循金融发展规律和市场

运行规律，坚持回归本源、优化结构、强化监管和市场导向等原则，紧紧围绕服务实体经济、防控金融风险、深化金融改革三项任务，重点防控时间维度和空间维度的重要风险因素，重点处置内外风险因素共振的威胁。

要深化金融体制改革，增强金融服务实体经济能力，提高直接融资比重，促进多层次资本市场健康发展。健全货币政策和宏观审慎政策双支柱调控框架，深化利率和汇率市场化改革。健全金融监管体系，守住不发生系统性金融风险的底线。强化监管，提高防范化解金融风险能力。要以强化金融监管为重点，以防范系统性金融风险为底线，加快相关法律法规建设，完善金融机构法人治理结构，加强宏观审慎管理制度建设，加强功能监管，更加重视行为监管。要把主动防范化解系统性金融风险放在更加重要的位置，科学防范，早识别、早预警、早发现、早处置，着力防范化解重点领域风险，着力完善金融安全防线和风险应急处置机制。

（一）深化金融监管体系改革，建立健全系统性风险监测预警体系

把主动防范化解系统性金融风险放在更加重要的位置，建立健全系统性风险监测预警体系。一方面，相关金融监管主体应该基于中国金融体系系统性风险传染机制分析，对系统性风险根源、表现及传染渠道进行定性分析，甄别出关键性的风险因素，通过网络分析方法与行为系统模拟推断出中国金融系统性风险的规模、特征和时空分布，并据此对金

融监管的有效性进行量化评估,提出系统性金融风险防范的政策框架;另一方面,建议参照欧洲中央银行的经验和防范,构建符合国情、具有监测功能和预警功能的中国系统性风险指数和系统性风险"仪表盘",对重要的金融行业、金融市场和金融要素形成全面、实时和动态的跟踪,建立健全系统性风险的识别、监测、预警和处置机制。

深化金融监管体系改革,注重功能监管、依法监管和监管协调。金融监管体系需要在系统性金融风险监测、功能监管、金融监管法制化、监管协调等领域开展针对性改革,构建立足依法监管、重在实施功能监管、有效进行监管协调、具有系统性风险防控作用的金融监管体系。一是深化监管体系改革,实现从机构监管向功能监管的转换,形成机构监管、功能监管和行为监管有效融合的监管的体系。二是金融监管进一步法制化,构建一个以法律为基础,依法监管、有效监管的金融监管体系。三是把金融监管协调看成金融监管体系完善的核心任务之一,在更高层面进行协调统筹,进一步完善金融协调组织框架,有效提升金融监管效率。

(二)实施货币政策与宏观审慎双支柱政策框架

实施货币政策与宏观审慎双支柱政策框架,保障金融安全与稳定。一是重点关注系统性金融风险演进的时间视角,继续实施稳健中性、适度趋紧的货币政策,适应货币供应方式新变化,调节好货币总闸门,畅通货币政策传导渠道和机制,使得金融体系流动性保持适度紧缩、总体稳定的状态。二是强化宏观审慎管理机制，实施货币政策与宏观审慎双支柱政策框架，以逆周期资本、动态拨备等工具，降低金融体系顺周期性，重点缓释流动性风险，实现货币政策、宏观审慎、微观监管的有效统筹。

坚持问题导向，强化重点突破，重点防控系统性金融风险的核心要素。一是注重系统性金融风险在时间维度上的传染机制，重点关注金融顺周期性的风险冲击，强化流动性风险管控。二是以供求关系作为房地产调控的基本准则，以系统和全局视角深化房地产市场的风险管控和制度改革，防范房地产泡沫风险。三是深化财税体系改革，建立权责清晰、财力协调、区域均衡的中央和地方财政关系，进一步为地方政府公共产品的资本支出提供稳定的、跨周期的收入来源，提高地方政府财权与事权的匹配性，降低地方政府对土地财政的依赖性，缓释地方政府公共债务风险。四是注重市场规律，重点防范国有企业的债务风险，防止发生重大的资产负债表风险并传染至金融体系。五是重点整治影子银行体系，构建涵盖表内和表外的全口径监管体系。通过"穿透式"监管，坚持"实质重于形式"，强化综合监管，突出功能监管和行为监管，重点防范混业经营与分业监管的制度性错配。

（三）深化金融体系与实体经济互动融合机制，重点防范内外因素相互反馈的风险

有效统筹内外两个市场，重点防范内外因素相互反馈的风险。一是继续深化经济体制机制改革，以供给侧结构性改革和需求侧管理有效统筹为支撑，减少经济转型期的结构性阵痛，提高经济发展的稳定性，夯实风险应对的经济基础。二是重点深化人民币汇率机制改革，提高人民币汇率制度的弹性，以价格和市场手段缓释外部政策变化对我国经济和金融体系的冲击。三是有效统筹短期资本流动管理、中长期汇率机制改革、长期资本项目开放以及人民币国际化的关系，构建内外市场有效互动、内外风险防控有效的制度安排。四是中短期内重点防范美国税改、美联储加息和"缩表"对于我国资本流动、币值稳定、外储安全和金融稳定等的潜在影响。

深化金融体系与实体经济互动融合机制，强化金融服务实体功能，注重实体反哺金融。其一，不仅需要在金融领域进行有效防范，还要从宏观经济整体及经济体制机制的视角来系统、全面考虑金融风险问题，坚持系统协调，坚持深化改革，坚持政策统筹，坚决守住不发生系统性金融风险的底线。其二，从金融体系与实体经济互动机制出发，重点防控金融脱实向虚，强化引导金融服务实体经济的功能。其三，深化经济体制改革，加速转变经济发展模式，未来需要改变政府主导的发展模式，接受速度较低但可持续的增长，提高财政资金使用效率，促进经济向高质量增长转型。

金融安全是国家安全的重要组成部分，是经济平稳健康发展的重要基础。习近平总书记指出，维护金融安全，是关系我国经济社会发展全局的一件带有战略性、根本性的大事。必须充分认识金融在经济发展和社会生活中的重要地位和作用，坚持党中央对金融工作集中统一领导，切实把维护金融安全作为治国理政的一件大事，在促进金融更好为实体经济服务、防范化解金融风险、深化金融改革过程中确保金融安全高效稳健运行。

防范化解金融风险，特别是防止发生系统性金融风险，是金融工作的根本性任务，也是金融工作的永恒主题。[①]

第三节 该进的要进取

党的十八大以来，在以习近平同志为核心的党中央坚强领导下，各地区各部门坚持稳中求进工作总基调，坚定不移贯彻新发展理念，深入推进供给侧结构性改革，加快推动经济结构调整和转型升级，积极主动扩大开放，着力推动高质量发展，我国经济结构调整取得新进展，产业结构不断优化，需求结构持续改善，区域发展格局优化重塑，收入分配结构持续调整，发展的协调性和可持续性明显增强。党的二十大总结过去五年的工作，谋划未来一个时期的发展蓝图。统筹国内国际两个大局，统筹推进"五位一体"总体布局、协调推进"四个全面"战略布局，统筹发展和安全，统筹疫情防控和经济社会发展，坚持稳中求进工作总基调，完整、准确、全面贯彻新发展理念，加快构建新发展格局，全面深

---

① 《习近平经济思想学习纲要》，人民出版社、学习出版社 2022 年版，第 150—151 页。

化改革开放，推动高质量发展，持续保障和改善民生，着力保持平稳健康的经济环境、国泰民安的社会环境、风清气正的政治环境。以稳求进，以进固稳。该进的要进取，进的重点放在调整经济结构和深化改革开放上，在稳的基础上积极进取，提高经济质量效益和核心竞争力，培育壮大新的经济增长点增长极，牢牢把握发展主动权，确保转变经济发展方式和创新驱动发展取得新成效。①

一、调整经济结构和深化改革开放

（一）调整经济结构，推进供给侧结构性改革

推进供给侧结构性改革，是在全面分析国内经济阶段性特征的基础上调整经济结构、转变经济发展方式的治本良方，是培育增长新动力、形成先发新优势、实现创新引领发展的必然要求。要把推进供给侧结构性改革作为当前和今后一个时期经济发展和经济工作的主线，为经济持续健康发展打造新引擎、构建新支撑。②

1. 优化要素配置，调整生产结构

供给和需求是市场经济内在关系的两个基本方面，是既对立又统一的辩证关系。没有需求，供给就无从实现，新的需求可以催生新的供给；没有供给，需求就无法满足，新的供给可以创造新的需求。供

---

① 《习近平经济思想学习纲要》，人民出版社、学习出版社 2022 年版，第 162 页。
② 《习近平经济思想学习纲要》，人民出版社、学习出版社 2022 年版，第 64 页。

给侧管理和需求侧管理是调控宏观经济的两个基本手段。需求侧管理，重在解决总量性问题，注重短期调控，主要通过调节税收、财政支出、货币信贷等来刺激或抑制需求，进而推动经济增长。供给侧管理，重在解决结构性问题，注重激发经济增长动力，主要通过优化要素配置和调整生产结构来提高供给体系质量和效率，进而推动经济增长。[1]

2. 完善市场体制机制，引导资源配置

习近平总书记指出："供给侧结构性改革，说到底最终目的是满足需求，主攻方向是提高供给质量，根本途径是深化改革。"满足需求，就是要深入研究市场变化，理解现实需求和潜在需求，在解放和发展社会生产力中更好满足人民日益增长的美好生活需要。提高供给质量，就是要减少无效供给、扩大有效供给，优化现有生产要素配置和组合，优化现有供给结构，优化现有产品和服务功能，着力提升整个供给体系质量，以创新驱动、高质量供给引领和创造新需求。深化改革，就是要完善市场在资源配置中起决定性作用的体制机制，深化行政管理体制改革，打破垄断，健全要素市场，使价格机制真正引导资源配置。[2]

---

[1] 《习近平经济思想学习纲要》，人民出版社、学习出版社2022年版，第64页。
[2] 《习近平经济思想学习纲要》，人民出版社、学习出版社2022年版，第65—66页。

3. 推进供给侧结构性改革，实施扩大内需战略

近年来，经济全球化遭遇逆流，国际经济循环格局发生深度调整，特别是新冠疫情对我国供给和需求带来了冲击和影响，但这种冲击和影响是外生性的，没有改变我国经济运行内在机理和长期向好的发展趋势，也没有改变我国经济结构中存在的供需不匹配问题。推进供给侧结构性改革同实施扩大内需战略是一致的，不是简单的替代关系。从政治经济学的角度看，放弃需求侧谈供给侧或放弃供给侧谈需求侧都是片面的，二者不是非此即彼、一去一存的替代关系，而是要相互配合、协调推进。深化供给侧结构性改革，要用好需求侧管理这个重要工具，把实施扩大内需战略同深化供给侧结构性改革有机结合起来，坚持需求侧管理和供给侧改革并重，形成需求牵引供给、供给创造需求的更高水平动态平衡。①

4. 坚持"八字方针"，打好供给侧结构性改革持久战

供给侧结构性改革是一场关系全局、关系长远的持久战，必须坚持"巩固、增强、提升、畅通"八字方针，这是当前和今后一个时期深化供给侧结构性改革、推动经济高质量发展管总的要求。习近平总书记强调："要深化供给侧结构性改革，重在畅通国内大循环，重在突破供给约束堵点，重在打通生产、分配、流通、消费各环节。"要巩固"三去一降一补"成果，加大"破、立、降"力度，坚持去产

---

① 《习近平经济思想学习纲要》，人民出版社、学习出版社2022年版，第66页。

能、去库存、去杠杆、降成本、补短板。增强微观主体活力，加快完善中国特色现代企业制度，建立公平开放透明的市场规则和市场化法治化国际化营商环境，加快建设世界一流企业。提升产业链供应链现代化水平，坚持自主可控、安全高效，分行业做好供应链战略设计和精准施策，推动全产业链优化升级。畅通国民经济循环，依托强大国内市场，打破行业垄断和地方保护，形成国民经济良性循环。[①]

5. 加快经济结构优化升级，推动高质量发展

加快经济结构优化升级带来新机遇。全球新一轮科技革命和产业变革同我国经济结构优化升级交汇融合。只有加快经济结构优化升级、推动高质量发展，才能构建起面向未来的经济结构。新常态是一种客观状态，是我国经济发展到一定阶段必然会出现的一种状态。适应把握引领新常态，是我国经济发展的大逻辑。新常态下我国经济从高速增长转向中高速增长，经济结构调整从增量扩能为主转向调整存量、做优增量并举，发展动力从主要依靠资源和低成本劳动力等要素投入转向创新驱动。这些趋势性变化，既是新常态的外在特征，又是新常态的内在动因，反映了我国经济正在向形态更高级、分工更复杂、结构更合理的阶段演化。

[①] 《习近平经济思想学习纲要》，人民出版社、学习出版社2022年版，第66—67页。

（二）深化改革开放

党的二十大报告提出："坚持深化改革开放。……不断彰显中国特色社会主义制度优势，不断增强社会主义现代化建设的动力和活力，把我国制度优势更好转化为国家治理效能。"[①] 未来五年是全面建设社会主义现代化国家开局起步的关键时期，经济社会的高质量发展、人民日益增长的美好生活需要，无不呼唤更大力度、更高水平、更深层次的改革开放，必须坚定不移将改革开放进行到底。

1. 加强改革顶层设计，推动改革开放事业

过去十年，党中央加强改革顶层设计，一体推进经济、政治、文化、社会、生态文明、党的建设、国防和军队等各方面改革，各领域基础性制度框架基本确立。习近平总书记指出："中国特色社会主义在改革开放中产生，也必将在改革开放中发展壮大。"[②] 新征程上，我们已经啃下了不少硬骨头，但还有许多硬骨头要啃，我们攻克了不少难关，但还有许多难关要攻克，要把握时代发展大势，弘扬伟大改革开放精神，继续全面深化改革、全面扩大开放，努力续写更多"春天的故事"。唯有大胆试、大胆闯、全力拼、踏实干，迸发出改革开放精神的无穷力量，才能闯关夺隘、劈波斩浪，推动改革开放事业浩荡

---

① 习近平：《高举中国特色社会主义伟大旗帜　为全面建设社会主义现代化国家而团结奋斗——在中国共产党第二十次全国代表大会上的报告》，人民出版社 2022 年版，第 27 页。
② 习近平：《全面贯彻落实党的十八大精神要突出抓好六个方面工作》，《求是》2013 年第 1 期。

前行。

2. 推进中国式现代化，使改革开放更好对接民生所需

全面贯彻落实党的二十大精神，推进中国式现代化，要使改革开放更好对接发展所需、基层所盼、民心所向，推动改革开放和发展深度融合、高效联动。党坚持改革正确方向，以促进社会公平正义、增进人民福祉为出发点和落脚点，突出问题导向，聚焦进一步解放思想、解放和发展社会生产力、解放和增强社会活力，加强顶层设计和整体谋划，增强改革的系统性、整体性、协同性，激发人民首创精神，推动重要领域和关键环节改革走实走深。党推动改革全面发力、多点突破、蹄疾步稳、纵深推进，从夯基垒台、立柱架梁到全面推进、积厚成势，再到系统集成、协同高效，各领域基础性制度框架基本确立，许多领域实现历史性变革、系统性重塑、整体性重构。

3. 坚持对内对外开放相互促进，推动共建"一带一路"高质量发展

我国坚持共商共建共享，推动共建"一带一路"高质量发展，推进一大批关系沿线国家经济发展、民生改善的合作项目，建设和平之路、繁荣之路、开放之路、绿色之路、创新之路、文明之路，使共建"一带一路"成为当今世界深受欢迎的国际公共产品和国际合作平台。我国坚持对内对外开放相互促进、"引进来"和"走出去"更好结合，推动贸易和投资自由化便利化，构建面向全球的高标准自由贸易区网络，建设自由贸易试验区和海南自由贸易港，推动规则、规制、管理、标准等制度型开放，形成更大范围、更宽领域、更深层次对外开放格局，构建互利共赢、多元平衡、安全高效的开放型经济体系，不断增强我国国际经济合作和竞争新优势。

4.深入推进改革开放，实现中华民族伟大复兴

新时代十年的伟大变革，在党史、新中国史、改革开放史、社会主义发展史、中华民族发展史上具有里程碑意义。构建高水平社会主义市场经济体制，提升国内大循环效率和水平。继续深化要素市场化改革，构建全国统一大市场，营造各类所有制企业、大中小企业共同发展的市场环境。推进高水平对外开放，增强国内国际两个市场两种资源联动效应。新时代新征程，以更大魄力在更高起点、更高层次、更高目标上推进改革开放，中华民族必将创造让世界刮目相看的新的更大奇迹。党的二十大报告提出："改革开放和社会主义现代化建设深入推进，书写了经济快速发展和社会长期稳定两大奇迹新篇章，我国发展具备了更为坚实的物质基础、更为完善的制度保证，实现中华民族伟大复兴进入了不可逆转的历史进程。"[①]

二、提高经济质量效益，促进经济高质量发展

高质量发展，就是能够很好满足人民日益增长的美好生活需要的

[①] 习近平：《高举中国特色社会主义伟大旗帜　为全面建设社会主义现代化国家而团结奋斗——在中国共产党第二十次全国代表大会上的报告》，人民出版社2022年版，第15—16页。

发展，是体现新发展理念的发展，是创新成为第一动力、协调成为内生特点、绿色成为普遍形态、开放成为必由之路、共享成为根本目的的发展。加快构建新发展格局，着力推动高质量发展是全面建设社会主义现代化国家的首要任务。发展是党执政兴国的第一要务。没有坚实的物质技术基础，就不可能全面建成社会主义现代化强国。

（一）构建高水平社会主义市场经济体制

坚持和完善社会主义基本经济制度，毫不动摇巩固和发展公有制经济，毫不动摇鼓励、支持、引导非公有制经济发展，充分发挥市场在资源配置中的决定性作用，更好发挥政府作用。深化国资国企改革，加快国有经济布局优化和结构调整，推动国有资本和国有企业做强做优做大，提升企业核心竞争力。优化民营企业发展环境，依法保护民营企业产权和企业家权益，促进民营经济发展壮大。完善中国特色现代企业制度，弘扬企业家精神，加快建设世界一流企业。支持中小微企业发展。深化简政放权、放管结合、优化服务改革。构建全国统一大市场，深化要素市场化改革，建设高标准市场体系。完善产权保护、市场准入、公平竞争、社会信用等市场经济基础制度，优化营商环境。健全宏观经济治理体系，发挥国家发展规划的战略导向作用，加强财政政策和货币政策协调配合，着力扩大内需，增强消费对经济发展的基础性作用和投资对优化供给结构的关键作用。健全现代预算制度，优化税制结构，完善财政转移支付体系。深化金融体制改革，建设现代中央银行制度，加强和完善现代金融监管，强化金融稳定保障体系，依法将各类金融活动全部纳入监管，守住不发生系统性风险底线。健全资本市场功能，提高直接融资比重。加强反垄断和反不正当竞争，破除地方保护和行政性垄断，依法规范和引导资本健康发展。

（二）建设现代化产业体系

坚持把发展经济的着力点放在实体经济上，推进新型工业化，加快建设制造强国、质量强国、航天强国、交通强国、网络强国、数字中国。实施产业基础再造工程和重大技术装备攻关工程，支持专精特新企业发展，推动制造业高端化、智能化、绿色化发展。巩固优势产业领先地位，在关系安全发展的领域加快补齐短板，提升战略性资源供应保障能力。推动战略性新兴产业融合集群发展，构建新一代信息技术、人工智能、生物技术、新能源、新材料、高端装备、绿色环保等一批新的增长引擎。构建优质高效的服务业新体系，推动现代服务业同先进制造业、现代农业深度融合。加快发展物联网，建设高效顺畅的流通体系，降低物流成本。加快发展数字经济，促进数字经济和实体经济深度融合，打造具有国际竞争力的数字产业集群。优化基础设施布局、结构、功能和系统集成，构建现代化基础设施体系。

(三) 全面推进乡村振兴

全面建设社会主义现代化国家,最艰巨最繁重的任务仍然在农村。坚持农业农村优先发展,坚持城乡融合发展,畅通城乡要素流动。加快建设农业强国,扎实推动乡村产业、人才、文化、生态、组织振兴。全方位夯实粮食安全根基,全面落实粮食安全党政同责,牢牢守住十八亿亩耕地红线,逐步把永久基本农田全部建成高标准农田,深入实施种业振兴行动,强化农业科技和装备支撑,健全种粮农民收益保障机制和主产区利益补偿机制,确保中国人的饭碗牢牢端在自己手中。树立大食物观,发展设施农业,构建多元化食物供给体系。发展乡村特色产业,拓宽农民增收致富渠道。巩固拓展脱贫攻坚成果,增强脱贫地区和脱贫群众内生发展动力。统筹乡村基础设施和公共服务布局,建设宜居宜业和美乡村。巩固和完善农村基本经营制度,发展新型农村集体经济,发展新型农业经营主体和社会化服务,发展农业适度规模经营。深化农村土地制度改革,赋予农民更加充分的财产权益。保障进城落户农民合法土地权益,鼓励依法自愿有偿转让。完善农业支持保护制度,健全农村金融服务体系。

(四) 促进区域协调发展

深入实施区域协调发展战略、区域重大战略、主体功能区战略、新型城镇化战略,优化重大生产力布局,构建优势互补、高质量发展的区域经济布局和国土空间体系。

（五）推进高水平对外开放

发展数字贸易，加快建设贸易强国。合理缩减外资准入负面清单，依法保护外商投资权益，营造市场化、法治化、国际化一流营商环境。推动共建"一带一路"高质量发展。优化区域开放布局，巩固东部沿海地区开放先导地位，提高中西部和东北地区开放水平。加快建设西部陆海新通道。加快建设海南自由贸易港，实施自由贸易试验区提升战略，扩大面向全球的高标准自由贸易区网络。有序推进人民币国际化。深度参与全球产业分工和合作，维护多元稳定的国际经济格局和经贸关系。[1]

我们要坚持以推动高质量发展为主题，把实施扩大内需战略同深化供给侧结构性改革有机结合起来，增强国内大循环内生动力和可靠性，提升国际循环质量和水平，加快建设现代化经济体系，着力提高全要素生产率，着力提升产业链供应链韧性和安全水平，着力推进城乡融合和区域协调发展，推动经济实现质的有效提升和量的合理增长。

三、提高核心竞争力，坚持"三个第一"重要战略思想

党的二十大报告指出，必须坚持科技是第一生产力、人才是第一资源、创新是第一动力，深入实施科教兴国战略、人才强国战略、创

---

[1] 习近平：《高举中国特色社会主义伟大旗帜　为全面建设社会主义现代化国家而团结奋斗——在中国共产党第二十次全国代表大会上的报告》，人民出版社 2022 年版，第 29—33 页。

新驱动发展战略，开辟发展新领域新赛道，不断塑造发展新动能新优势。这"三个第一"的重要论述，意味着在新征程中，科技、人才、创新正成为我国高质量发展之路的坚实支撑和引领力。

（一）科技是第一生产力

党的二十大报告强调大力发展人才，要完善科技创新体系。坚持创新在我国现代化建设全局中的核心地位。完善党中央对科技工作统一领导的体制，健全新型举国体制，强化国家战略科技力量，优化配置创新资源，提升国家创新体系整体效能。扩大国际科技交流合作，加强国际化科研环境建设，形成具有全球竞争力的开放创新生态。

从进入21世纪深入实施知识创新工程、科教兴国战略、人才强国战略，不断完善国家创新体系、建设创新型国家，到党的十八大后提出创新是第一动力、全面实施创新驱动发展战略、建设世界科技强国，科技事业在党和人民事业中始终具有十分重要的战略地位，发挥了十分重要的战略作用。以国家战略需求为导向，集聚力量进行原创性引领性科技攻关，坚决打赢关键核心技术攻坚战。我们要大力发展科技事业，通过科技进步和创新，认识自我，认识世界，改造社会，使人们在持续的天工开物中更好掌握科技知识和技能，让科技为人类造福。

（二）人才是第一资源

党的二十大报告指出，要加快建设世界重要人才中心和创新高地,把各方面优秀人才集聚到党和人民事业中来。新时代是在奋斗中成就伟业、造就人才的时代。我们要激励更多科学大家、领军人才、青年才俊和创新团队勇立潮头、锐意进取,以实干创造新业绩,在推进伟大事业中实现人生价值,不断为实现中华民族伟大复兴的中国梦奠定更为坚实的基础、作出新的更大的贡献。

大力发展人才,要深入实施人才强国战略。坚持尊重劳动、尊重知识、尊重人才、尊重创造,实施更加积极、更加开放、更加有效的人才政策。着力形成人才国际竞争的比较优势。加快建设国家战略人才力量。深化人才发展体制机制改革,把各方面优秀人才集聚到党和人民事业中来。大力发展人才,同时要办好人民满意的教育。坚持以人民为中心发展教育,加快建设高质量教育体系,发展素质教育,促进教育公平。要深化人才发展体制机制改革,破除人才引进、培养、使用、评价、流动、激励等方面的体制机制障碍,实行更加积极、更加开放、更加有效的人才政策,形成具有吸引力和国际竞争力的人才制度体系,努力聚天下英才而用之。

(三)创新是第一动力

加快实施创新驱动发展战略,加快实现高水平科技自立自强,以国家战略需求为导向,集聚力量进行原创性引领性科技攻关,坚决打赢关键核心技术攻坚战,加快实施一批具有战略性全局性前瞻性的国家重大科技项目,增强自主创新能力。完善科技创新体系,坚持创新在我国现代化建设全局中的核心地位，健全新型举国体制，强化国家战略科技力量，提升国家创新体系整体效能，形成具有全球竞争力的开放创新生态。坚持把创新作为引领发展的第一动力。实施更加开放包容、互惠共享的国际科技合作战略，同全球顶尖科学家、国际科技组织一道，加强重大科学问题研究，加大共性科学技术破解，加深重点战略科学项目协作。

案例展示

湖北：技术创新是企业制胜法宝[①]

一根光纤，从实现67.5亿对人同时通话，到如今实现近300亿人同时通话——这是湖北"追光者"交出的创新答卷。

2018年4月26日，在位于武汉东湖高新区的烽火科技集团考察时，习近平总书记指出："具有自主知识产权的核心技术，是企业的'命门'所在。企业必须在核心技术上不断实现突破，掌握更多具有自主知识产权的关键技术，掌控产业发展主导权。"

这一年，烽火科技在一根光纤上可实现67.5亿对人同时通话。牢记习近平总书记的殷殷嘱托，烽火科技集团加快突破关键核心技术。当年，烽火科技集团与大唐电信集团联合重组成

[①] 参见文俊、陈俊、姜胜来：《从1577家，到14560家——湖北高新企业10年增长近9倍》，《湖北日报》2022年9月15日。

立中国信科集团。如今,中国信科以 5G、光通信为代表的自主创新能力进一步增强——在国内首次完成 P 比特级光传输系统实验,可实现一根光纤上近 300 亿人同时通话。

"一系列新突破,与保持高强度的研发投入密不可分。"中国信科集团总经理何书平介绍,2021 年该集团实现合同额 653 亿元、销售额 627 亿元,在光传输关键芯片、5G 中频芯片等方面取得新突破,今年将加快攻克一批关键核心技术,进一步夯实芯片基础能力。

致力发挥企业创新主体作用,湖北持续把科技优势转化为发展优势。实施高企认定服务"常态化、一体化、便利化"创新举措,打出"科技领军企业培育计划"、高新技术企业"十百千万"行动、科创"新物种"企业培育计划等"组合拳",全省高新技术企业实现了快速发展。2020 年,湖北高新技术企业总量首次突破万家大关,2021 年达 14560 家,较上年增长 40%;全省规上高新技术产业完成增加值 10196.5 亿元,首次突破万亿大关,同比增长 16.9%。

四、牢牢把握发展主动权

习近平总书记指出:"一个国家能不能富强,一个民族能不能振兴,最重要的就是看这个国家、这个民族能不能顺应时代潮流,掌握历史前进的主动权。"①掌握历史主动，意味着历史主体既要立足现实，又要着眼未来，勾画历史发展蓝图，并团结带领广大群众，把历史发展蓝图变为现实。当前，世界百年未有之大变局加速演进，世界之变、时代之变、历史之变的特征更加明显。100多年来，中国共产党依靠总结历史经验创造历史，依靠在历史发展中把握历史规律走向未来。我们党对历史经验的每一次总结，都使全党在认识上产生新的飞跃，都推进党在政治上更加成熟，都使党的事业更加发展壮大。

（一）突破关键核心技术，牢牢掌握科技发展主动权

习近平总书记多次强调，关键核心技术是国之重器，核心技术受制于人是我们最大的隐患。关键核心技术是国之重器，对推动我国经济高质量发展、保障国家安全都具有十分重要的意义，必须切实提高我国关键核心技术创新能力，把科技发展主动权牢牢掌握在自己手里，为我国发展提供有力科技保障。

案例展示

四川：极米科技打破国外品牌市场垄断②

2022年6月8日，仲夏时节，习近平总书记赴四川考察。

---

① 习近平：《在省部级主要领导干部学习贯彻党的十八届五中全会精神专题研讨班上的讲话》，《人民日报》2016年5月10日。
② 参见《把关键核心技术掌握在自己手中》，人民网2022年8月20日。

在极米光电有限公司，他走进公司展厅和生产车间，了解企业加强自主创新、产品研发销售、带动就业和当地支持民营经济发展、出台纾困帮扶政策等情况。习近平总书记强调："推进科技创新，要在各领域积极培育高精尖特企业，打造更多'隐形冠军'，形成科技创新体集群。"

这是一家年轻的科技企业。企业负责人告诉习近平总书记，新冠疫情发生以来，当地政府积极帮助解决企业困难、出台纾困措施，他们专注技术创新和智能升级，这两年企业产品销售量逆势上升，为当地解决的就业岗位也从最初的几十人增加到上千人。

"我们的目标是3到5年达到全球领先，为当地创造更多就业岗位。"

"很好，就要有这样的志气！"习近平总书记指出，"中国是世界工厂，但我们更要做制造强国。中国要实现现代化，方方面面都要强起来。"

"总书记的肯定对我们是莫大的鼓舞，技术创新是企业发展的动力之源，我们将继续在智能投影、自研光机等领域实现创新突破。"极米科技董事长钟波表示，正是由于坚持自主研发、创新发展，极米光电在智能投影领域打破了国外品牌在中国投影机市场的垄断局面，已连续4年蝉联中国投影机市场出货量第一。

（二）准确把握加快建设贸易强国的基本内涵，牢牢把握发展和安全的主动权

党的二十大报告提出加快建设贸易强国，内涵丰富，为我国贸易发展方向提供了明确指引。我们要深入学习领会党的二十大精神，推进高水平对外开放，加快建设贸易强国，更加注重自主创新、更加注重高质量发展，推动内需和外需、进口和出口、货物贸易和服务贸易，促进双向投资、贸易和产业协调发展，牢牢把握发展和安全的主动权，开创开放合作、包容普惠、共享共赢的国际贸易新局面。

（三）实现高水平自立自强深化改革，牢牢把握创新发展主动权

"十四五"时期到2035年，是实现产业升级的重要时期。必须加大科技研发投入，在基础研究、应用研究和新产品开发上取得一系列突破，特别是在可能引发第四次产业革命的若干重要科技领域，如量子科技、人工智能、航空航天、先进制造、生物技术、新能源、新材料等领域，力求率先取得突破。完善党对科技工作领导的体制机制，推动科技创新力量布局、要素配置、人才队伍体系化、协同化，发挥新型举国体制优势，坚决破除影响和制约科技核心竞争力提升的体制机制障碍，加快攻克重要领域"卡脖子"技术，有效突破产业瓶颈，牢牢把握创新发展主动权。我们要继承发扬"两弹一星"精神，要把重要部署落实到位，圆满完成中央提出的重大科技创新任务。

(四)加快数字经济发展,把握未来发展的主动权

2021年7月9日召开的中央全面深化改革委员会第二十次会议指出,党中央作出加快构建新发展格局决策部署以来,各地区各部门积极探索、主动作为,在加快科技自立自强等方面做了大量工作。大力发展数字经济,加快产业数字化、数字产业化,关键是把科技自立自强、自主创新作为突破口。要保持顽强的斗志和战略定力,要组织攻坚战,坚持持久战,把发展数字经济纳入构建新发展格局中,坚持问题导向,突出针对性和可操作性,切实增强自觉性和精准性,选取真正的重点、堵点、难点集中攻关,打好攻坚战和组合拳,以重点突破带动引领数字经济的高质量发展。

第四节
以稳求进、以进固稳:"稳"与"进"的辩证统一

稳中求进工作总基调是我们党治国理政的重要原则,也是做好经济工作的方法论。以习近平同志为核心的党中央统筹国内国际两个大局,正确认识和把握我国发展内外环境发生的深刻变化,强调坚持稳中求进工作总基调,以稳求进、以进固稳,为做好经济工作指明了方向和路径。

一、在"稳"的主基调上谋进

"稳"是"进"的基础,"进"是"稳"的动能;不稳难言进,有进才更稳。必须辩证处理好"稳"与"进"的关系,在"稳"的主基调上谋"进"。

(一)把握"稳"的主基调,以稳求进

稳定是发展的基石,行稳方能致远。把握"稳"的主基调,以稳谋进,既是有效应对外部环境深刻变化和国内经济下行压力的需要,也是扎实推进经济社会持续健康发展的前提。当今世界,经济形势依然低迷,贸易保护主义、单边主义等问题此起彼伏,不确定不稳定的因素明显增多;就国内而言,面对艰巨复杂的改革发展稳定任务,全面深化改革进入攻坚期,经济下行、资源环境约束、民生建设短板等各种压力汇聚。越是面对困难挑战,越要从容不迫,保持战略定力和耐心,看大势、明大局,稳住阵脚,筑牢基础,稳扎稳打,以稳求进,牢牢坚持高质量发展道路。

党的二十大站在党和国家事业发展全局的高度,把发展质量放在更加突出的位置,深刻指出高质量发展是全面建设社会主义现代化国家的首要任务,是中国式现代化的本质要求。2022年12月15日至16日,中央经济工作会议在北京举行。会议要求,2023年要坚持稳字当头、稳中求进,继续实施积极的财政政策和稳健的货币政策,加大宏

观政策调控力度，加强各类政策协调配合，形成共促高质量发展合力。

积极的财政政策要加力提效。保持必要的财政支出强度，优化组合赤字、专项债、贴息等工具，在有效支持高质量发展中保障财政可持续和地方政府债务风险可控。要加大中央对地方的转移支付力度，推动财力下沉，做好基层"三保"工作。

稳健的货币政策要精准有力。要保持流动性合理充裕，保持广义货币供应量和社会融资规模增速同名义经济增速基本匹配，引导金融机构加大对小微企业、科技创新、绿色发展等领域支持力度。保持人民币汇率在合理均衡水平上的基本稳定，强化金融稳定保障体系。

产业政策要发展和安全并举。优化产业政策实施方式，狠抓传统产业改造升级和战略性新兴产业培育壮大，着力补强产业链薄弱环节，在落实碳达峰碳中和目标任务过程中锻造新的产业竞争优势。推动"科技—产业—金融"良性循环。

科技政策要聚焦自立自强。要有力统筹教育、科技、人才工作。布局实施一批国家重大科技项目，完善新型举国体制，发挥好政府在关键核心技术攻关中的组织作用，突出企业科技创新主体地位。提高人才自主培养质量和能力，加快引进高端人才。

社会政策要兜牢民生底线。落实落细就业优先政策，把促进青年特别是高校毕业生就业工作摆在更加突出的位置。及时有效缓解结构性物价上涨给部分困难群众带来的影响。加强新就业形态劳动者权益保障，稳妥推进养老保险全国统筹。推动优质医疗资源扩容下沉和区域均衡布局。完善生育支持政策体系，适时实施渐进式延迟法定退休年龄政策，积极应对人口老龄化少子化。

（二）找准"进"的突破口，以进固稳

"进"是"稳"的持久动能。李克强曾用"骑自行车"来比喻经济发展："稳"不意味着不动，像骑自行车，不动就会摔下来，所以我们要稳中求进，稳中有为。坚持稳中求进工作总基调，要在稳的基础上，找准"进"的突破口，以进固稳。核心是依靠改革，主动求新求变，不断激活发展活力、增强发展新动能。

我国经济已由高速增长阶段转向高质量发展阶段，必须从高质量发展方向找到以进固稳的突破口。新时代十年，我们坚持转型升级不动摇不松劲，把稳增长、调结构、推改革结合起来，加快释放新经济发展潜力，以转型升级的"进"促进经济增长的"稳"，取得积极成效。我们在关键和重点领域敢于进取和突破，将解决前进中突出的问题作为打开新局面、开创新事业的突破口，把外部压力转换为内部发展动力，实现以进固稳。对此，我们有丰富的历史经验。事实表明，我国经济不仅大盘稳定、总量扩大，而且实现了结构优化、效益提升，"进"的动能持续涌动，为高质量发展汇聚了强劲合力。在40多年改革开放的坚实基础上，我们要继续贯彻新发展理念，进一步激发创新创造活力，为"进"积蓄和培育新力量、试验和探索新路径，为实现经济社会发展增添新活力、创造新动能。

（三）处理好"稳"与"进"的辩证关系

唯物辩证法认为，外因是变化的条件，内因是变化的根据，外因通过内因起作用。越是面对困难挑战，越要认识和把握好"稳"与"进"的辩证关系，坚定必胜信心，掌握发展主动权，把外部压力转化为推进改革开放的动力。

"稳"和"进"是辩证统一的，要作为一个整体来把握。不稳难言进，有进才更稳。"稳"与"进"有着内在联系，二者有机统一、相互促进。为此，既要防止片面求稳、不思进取，又要抓好抓实"稳"的基础，坚决防止经济增长滑出合理区间，为实现"进"的目标不断创造更加有利的条件。从新中国成立后经济建设的历史经验看，脱离实际情况，急于求成，盲目强调和夸大主观能动性，不顾客观条件，不尊重经济规律，往往要付出更大的成本和代价。只有稳中求进，才能实现经济平稳健康持续发展和改革的有序推进。另外，进是稳的动能，只有"进"，才能更有效地保持"稳"，更高水平地实现"稳"。没有持续的发展进取，就不会有稳的大局。因此，要主动为"进"培育力量、把握方向、开辟道路，在关键领域有所突破，从而实现更加坚实、更有活力的"稳"。同时，要反对冲动蛮干、急于冒进。把该稳的坚决稳住，该进的积极进取，以稳求进，以进固稳，使稳和进良性互动。

实践充分证明，坚持稳中求进工作总基调，以稳求进、以进固稳，充分彰显了我们党把方向、谋大局、定政策、促改革的能力和定力，充分展现了我们党善于在危机中育先机、于变局中开新局的智慧和魄力。把稳增长放在更加突出的位置，充分认识并切实用好我国经济发展的多方面比较优势和有利条件，着力夯实"稳"的基础、持续增强"进"的动能，坚定不移做好自己的事情，在更周全的"稳"与更高质量的"进"的良性互动中推动经济平稳发展，我们就一定能战胜困难挑战，实现经济社会高质量发展。

二、稳中求进的"四个遵循"

发展是解决我国一切问题的基础和关键，因此必须围绕"进"字做文章。习近平总书记强调："稳中求进不是无所作为，不是强力维稳、机械求稳，而是要在把握好度的前提下有所作为，恰到好处，把握好平衡，把握好时机。"[①] 这就从时、度、效的哲学高度阐明了把握稳中求进的重要方法。

（一）遵循适度，在把握好度的前提下奋发有为

"稳"和"进"是辩证统一、互为条件的，坚持稳中求进工作总基调，关键是把握好两者之间的"度"。事物具有"质""量""度"三个方面的规定性，而"度"作为保持事物"质"的数量界限，体现了"质"与"量"的对立统一。注重"度"，就是要把握质变与量变

---

① 《习近平经济思想学习纲要》，人民出版社、学习出版社2022年版，第162页。

的辩证统一。在实际工作的方法论上，把握适度原则，就是要在坚持事物本质的前提下实现发展，并在丰富发展中使事物的本质得到更好坚持，实现对经济发展的科学调控。从哲学层面讲，稳中求进是"质"和"量"互变过程中的量变形态，是经济社会发展在量变范围以内的现实表现，也是"度"的范围以内的发展变化。就现实而言，稳中求进要尽量避免政策调整上的大开大合、经济发展上的大起大落，要着力追求平稳的经济发展、良好的社会成效。

对"度"的把握要善用辩证思维，注重整体谋划，坚持两点论、矛盾论的观点，抓住主要矛盾和矛盾的主要方面，全面系统地分析和处理问题。经济社会发展是一个相互关联的复杂系统，应避免孤立的"单打一"，而要打协同的"组合拳"，增强各项政策的关联性和耦合性，防止畸重畸轻、单兵突进、顾此失彼。同时，要拿捏好尺度，平衡好疫情防控与稳定经济、稳增长与调结构、监管与发展、紧缩与放松、短期调控与中长期改革等关系。这就要求我们根据时代的变化，不断充实和完善各类政策，把握政策的力度，既不能力度不足，导致政策起不到预期效果，也不能一次性用尽政策力度，要适度保留一定的政策空间，为未来面对更大的未预期到的压力预留政策空间。经济工作千头万绪，抓民生始终是一个重点。保民生就是保稳定，抓民生也是抓发展。因此，做好民生工作，是稳人心、稳大局的重要基础，也是扩大国内需求、推动高质量发展的重要着力点。同时，内需潜力大是我们的优势所在，要实施好扩大内需战略，注重在稳增长、调结构、惠民生的结合部分发力。

要做到在把握好"度"的前提下奋发有为,就必须保持战略定力,坚持底线思维。所谓底线思维,就是"有守"和"有为"要有机结合。牢记"稳"就是底线,"稳"是第一位的,切实运用底线思维界定和防范风险。只有把困难和挑战估计得充分一些,把应对各种复杂局面、意外情况的预案做得周密一些,积极寻求防范和化解重大风险的路径和方法,才能遇事不慌、运筹得当,做到恰如其分、恰到好处。

(二)遵循平衡,统筹协调发展

党的二十大报告指出,我国发展不平衡不充分问题仍然突出,推进高质量发展还有许多卡点瓶颈,科技创新能力还不强。具体来说,当前我国发展不平衡突出表现在:区域发展不平衡、城乡发展不平衡、收入分配不平衡、经济和社会发展不平衡、经济建设与生态文明建设不平衡等。当前我国发展不充分突出表现在:市场竞争不充分、效率发挥不充分、潜力释放不充分、有效供给不充分、动力转换不充分、制度创新不充分等。

"千钧将一羽,轻重在平衡。"习近平总书记强调,要紧紧抓住解决不平衡不充分的发展问题,着力在补短板、强弱项、固底板、扬优势上下功夫,研究提出解决问题的新思路、新举措。这就要求我们要统筹考虑短期应对和中长期发展、外部冲击和内生动力,统筹国内国际两个大局，高效统筹疫情防控和经济社会发展；坚持全国一盘棋，更好发挥中央、地方和各方面积极性；努力做到全局和局部相配套、治本和治标相结合、渐进和突破相衔接；实现发展质量、结构、规模、速度、效益、安全相统一。

协调是高质量发展的内生特点，要坚持促进城乡区域协调发展。坚持农业农村优先发展，全面推进乡村振兴，促进城乡融合发展，畅通城乡要素流动。巩固拓展脱贫攻坚成果，增强脱贫地区和脱贫群众内生发展动力。推进以人为核心的新型城镇化，有序推动城市群、都市圈发展，促进大中小城市和小城镇协调发展。促进东、中、西和东北地区协调发展，深入实施区域协调发展战略、区域重大战略、主体功能区战略，加快构建优势互补、高质量发展的区域经济布局和国土空间体系，以城乡区域协调发展促进经济发展稳健前行。

（三）遵循时势，抓住时机谋发展

党的十八大以来，习近平总书记多次强调指出，以经济建设为中心是兴国之要，发展仍是解决我国所有问题的关键。我们要坚持实事求是的唯物论，善于审时度势，全面准确研判风险挑战，抓住时机谋发展。

世界经济版图发生的深刻变化前所未有，世界经济重心加快"自西向东"位移。这给我国经济发展创造了机遇。同时，我国经济仍处在结构调整的过关期，我们面对着来自各领域的新问题新挑战。把握经济发展阶段性特征，抓住时机谋发展，需要掌握"稳"和"进"的辩证关系，保持战略定力，在正确的时间做正确的事。既要防止冲动蛮干、急于求成，又要反对求稳怕进、不思进取。如果忽视稳定、一味冒进、急于求成，就会欲速不达；反之，如果一味求稳，遇到问题绕道走、碰到矛盾就缩手，就会积重难返，矛盾越拖越多。这就要求我们在谋划经济发展各项工作时，既要看到风险挑战，又要看到有利条件；既要坚持解放思想、与时俱进、开拓创新，善于运用新理念、新思路、新方法推进经济建设各项工作，又要正确处理改革发展稳定的关系，掌握好改革节奏、控制好改革风险，有力有序推进改革，确保经济运行总体平稳，确保不发生系统性、区域性金融风险；既尊重客观发展规律，筑牢基础、稳扎稳打，又抢抓历史机遇，重点突破、锐意进取。

（四）遵循规律，自觉按经济规律办事

深入学习贯彻习近平经济思想，深化经济工作的规律性认识，自觉按经济规律办事，是做好经济工作的政治要求。习近平总书记强调，要按照已经认识到的规律来办，在实践中再加深对规律的认识，而不是脚踩西瓜皮，滑到哪里算哪里。

历史事实表明，我们坚持稳中求进，有助于探索和遵循社会主义经济建设基本规律，有效避免国民经济运行"大起大落"。当前，面对百年变局和世纪疫情相互叠加的复杂局面，以及需求收缩、供给冲击、预期转弱三重压力，坚持稳中求进工作总基调，自觉按经济规律办事尤为重要。因此，我们需要把对坚持稳中求进的规律性认识有效

转化为创新和完善各项改革发展举措。在经济工作中,"稳"和"进"要作为一个整体来看待和把握,该稳的要稳住、该进的须进取,稳要稳得有定力、进要进得有秩序,掌控好工作节奏和力度。唯有如此,才能既沉着应对各类风险,又抓住机遇"变中求新、变中求进",确保各项改革发展任务圆满完成。

三、稳中求进的工作策略和方法

坚持稳中求进,要按经济规律办事,最关键的是坚持正确的工作策略和方法,保持战略定力和耐心,避免把长期目标短期化、系统目标碎片化,避免把持久战打成突击战、把攻坚战打成消耗战。

(一)避免把长期目标短期化

发展是一个不断演进和变化的进程。我国经济由高速增长阶段转向高质量发展阶段,从粗放向集约、从简单分工向复杂分工的高级形态演进,这是经济发展规律的客观要求。从不再简单以国内生产总值增长率论英雄,到强调以提高经济增长质量和效益为立足点,我国经济正在进行深刻的方式转变和结构调整。

加快形成以国内大循环为主体、国内国际双循环相互促进的新发展格局,是在一个更加不确定的世界中谋求我国发展的大战略,是适应内外环境变化的重大战略调整,顺应了我国经济结构调整、推动高质量发展的内在需要。构建新发展格局意味着进出口贸易额会有较大变化，国内经济增长压力会加大。以消费为例，由于以国内大循环为主体，消费市场在短期内恢复增长面临着较大挑战，这势必会对我国当前经济产生一定的短期影响，但从中长期看，消费市场蕴藏的潜力巨大。新发展格局要求形成生产、分配、流通、消费的完整循环系统，目前我国在这四个环节中都存在不同程度的梗阻，影响了国民经济的顺畅运行，同时产业链供应链循环面临堵滞风险，生产要素高效流动尚不够顺畅。另外，我国经济面临周期性因素和结构性因素叠加、短期问题和长期问题交织、外部冲击和新冠疫情冲击叠加等多重影响，可以说困难前所未有。疫情的冲击是一时的、总体上是可控的，外部冲击倒逼我们加快自主创新步伐，我国经济长期向好的基本面没有改变。虽然在构建新发展格局、推动经济高质量发展的道路上困难重重，但是客观判断我国市场潜力，不仅需要看到短期的问题与矛盾，更需要分析中长期的潜力与趋势，切不可将长期目标短期化。

（二）避免把系统目标碎片化

构建以国内大循环为主体、国内国际双循环相互促进的新发展格局，是根据我国发展阶段、环境、条件变化，特别是基于我国比较优势变化，审时度势作出的重大决策。构建新发展格局是事关全局的系统性、深层次变革，是立足当前、着眼长远的战略谋划。我们要从全局和战略的高度准确把握加快构建新发展格局的战略构想，坚持系观念，避免把系统目标碎片化。

新发展格局是一个系统目标，需要长期坚持，绝不能将系统目标碎片化。我们提出构建新发展格局，是对我国客观经济规律和发展趋势的自觉把握，是有实践基础的。党的十八大以来，我们坚持实施扩大内需战略，使发展更多依靠内需特别是消费需求拉动。在当前国际形势充满不稳定性不确定性的背景下，立足国内、依托国内大市场优势，充分挖掘内需潜力，有利于化解外部冲击和外需下降带来的影响，也有利于在极端情况下保证我国经济基本正常运行和社会大局总体稳定。未来一个时期，我国国内市场主导经济循环的特征会更加明显，经济增长的内需潜力会不断释放。从需求看，我国拥有14亿多人口，其中有4亿多中等收入人群，我国商品零售额即将超过美国，位居世界首位，今后还有稳步增长空间。从供给看，我国基于国内大市场形成的强大生产能力，能够促进全球要素资源整合创新，使规模效应和集聚效应最大化发挥。只要顺势而为、精准施策，我们完全有条件构建新发展格局、重塑新竞争优势。党中央作出构建新发展格局的战略安排，提出以国内大循环为主体，是针对全国而言的，不是要求各地都搞省内、市内、县内的自我小循环。各地区要找准自己在国内大循环和国内国际双循环中的位置和比较优势，把构建新发展格局同实施区域重大战略、区域协调发展战略、主体功能区战略、建设自由贸易试验区等有机衔接起来，打造改革开放新高地，不能搞"小而全"，更不能以"内循环"的名义搞地区封锁。有条件的地区可以率先探索有利于促进全国构建新发展格局的有效路径，发挥引领和带动作用。要坚持系统观念，加强对各领域各地区发展的前瞻性思考、全局性谋划、战略性布局、整体性推进，加强政策协调配合，使发展的各地区各方面相互促进，避免把系统目标碎片化。

（三）避免把持久战打成突击战、把攻坚战打成消耗战

习近平总书记强调，加快构建新发展格局，是一场需要保持顽强斗志和战略定力的攻坚战、持久战。这既深刻指出了构建新发展格局的艰巨性、复杂性、持久性，也预示着构建新发展格局是把握未来发展主动权必须打赢打好的一场新的重大战役，需要付出长期艰苦的努力。

强调这是一场攻坚战，表明构建新发展格局这场战役更加艰巨复杂，必须坚决克服各种束缚发展的思想认识藩篱，坚决破除各种旧的体制机制障碍，坚决摆脱过去发展模式的路径依赖，唯继续激发攻坚克难、改革创新的顽强斗志才能赢；强调这是一场持久战，表明构建新发展格局这场战役将贯穿全面建设社会主义现代化国家全过程，绝不会一蹴而就，更不是一日之功，必须在应对未来各种可以预见和难以预见的惊涛骇浪中经受住考验，保持战略定力和耐心，坚持一张蓝图绘到底，滴水穿石，久久为功。

打赢打好构建新发展格局这场攻坚战、持久战，核心在于更加坚定的思想自觉。始终把满足国内需要、改善人民生活品质摆在更加突出位置，坚持全国一盘棋，自觉把本地区本部门工作纳入构建新发展

格局中统筹考虑和谋划,推动全国市场统一、部门高效联动、区域协同发展。关键在于精准务实的创新举措。坚持以问题为导向,在加快科技自立自强、促进经济循环畅通、扩大内需、推动绿色发展、实行高水平对外开放等方面集中攻关、持续改革,有效纾解重点堵点难点,以重点突破带动引领新发展格局的战略转型,以强化底线思维守住新发展格局的安全底线。基础在于真抓实干的奋发劲头。广大党员干部要有功成不必在我、功成必定有我的境界,在融入和服务新发展格局中绝不能脱离实际硬干,绝不能相互攀比蛮干,更不能为了出政绩不顾条件什么都想干。

面对新征程、新使命、新任务,既要清醒看到推动发展的艰巨性和复杂性,更要认识到我国具有中国共产党的坚强领导、中国特色社会主义制度的显著优势、持续快速发展积累的坚实基础、长期稳定的社会环境和自信自强的精神力量等战略性有利条件,我们完全有信心、有决心、有基础、有条件推动高质量发展,实现以中国式现代化全面推进中华民族伟大复兴。道阻且长,行则将至。我们要牢记习近平总书记的重要指示,将稳中求进工作总基调落实到经济社会发展的具体实践中,继续夯实"稳"的基础、更多激发"进"的动能。蹄疾而步稳地加快构建新发展格局,有力有效推动高质量发展迈出更大步伐,奋力谱写全面建设社会主义现代化国家新篇章。

第二章 **牵一发而动全身**
——坚持系统观念

坚持系统观念，既是马克思主义的观点和方法，也是习近平经济思想世界观和方法论的重要内容，是新时代新征程做好经济工作的方法论。回望百年奋斗历程，中国共产党人始终坚持和运用系统观念，善于从系统观念出发来认识和改造世界。党的十八大以来，以习近平同志为核心的党中央在推进马克思主义基本原理同中国具体实际相结合、同中华优秀传统文化相结合的过程中，立足新时代党和国家事业对科学思维方式的需要，旗帜鲜明地提出坚持系统观念的重大原则，为新的历史条件下党团结带领中国人民应对复杂局面、推动经济社会发展提供了锐利思想武器。

第一节　系统观念的思想源流

天下将兴，其积必有源。系统观念的核心是把事物作为一个有机的整体来看待，这种观念起源于人类文明兴起的初期，具有深远的思想源流。古往今来，人们在认识和改造自然与社会的过程中，萌发了各种各样的原始的对世界进行整体性认识的系统观点、思维和方法。这些观点、思维和方法经过思想家的总结、整理和加工，逐步形成了形态各异的系统观念或思想。坚持系统观念这一具有基础性的思想和工作方法，是对辩证唯物主义的丰富和发展，也是对中国古代系统思想、西方传统系统思想以及系统论的继承、借鉴和创新发展。

一、中国古代系统思想

大约在公元前 11 世纪，中华民族就形成了一种连续无限的整体观和系统思维方法，从天地万物到人类社会都坚持整体系统的观点。这种观点把宇宙万物视为一个生生不息的无限过程，强调了天地万物和人事存在着连续与不可分割的整体性。这种思想在我国最早也是较完整的经典——《易经》中得到集中体现。《易经》对我国哲学思想和科学技术、历史、艺术等方面的发展都有深远的影响。《易经》蕴含着朴素、深刻的自然法则和辩证思想，是中华民族智慧的结晶。

从形式上看，《易经》是由阴、阳这一对符号为基础和起点建构起来的一个有机系统。阴阳交感化生为八卦（乾、坤、震、艮、离、坎、兑、巽），八卦进一步推衍为六十四卦。每一卦都有象、数、位、辞四个要素，古人占卜就是根据卦的象、数、位、辞的变化作出综合分析，来推测吉凶。六十四卦不是八卦的机械组合，而是由各要素有机组合的动态系统，反映了《易经》关于矛盾普遍性、多层性和动态性的观点。"八卦成列，象在其中矣；因而重之，爻在其中矣；刚柔相推，变在其中矣；系辞焉而命之，动在其中矣。"[①] 这是说在八

---

① 郭彧译注：《周易》，中华书局 2006 年版，第 378 页。

卦的排列中，就有天地间的法象，八卦相重而有六十四卦，每卦六爻。这些卦刚柔相推，互相转化，世界万物的变化就在其中了，而每个爻又适时而动，由爻辞来说明它的吉凶，人间万事的变动也在其中了。这从各种要素相互联系、相互作用来说明整体有机构成的思想，正是现代系统思想的一个基本原则。

从内容来看，《易经》是古人长期实践经验的总结，是对包括人类在内的天地万物系统观察和思考的结果。《易经》中的卦象是对天、地、人三者（三才）总体关系和一般规律的象征和表达，形成了一种系统化的思维模式，并被以后的思想家继承和发扬，成为我国古代思想中占据主导地位的精神内核。

春秋战国时期学派众多，百家争鸣，儒家和道家逐渐成为我国文化思想的主干。儒、道两家虽然在许多方面观点上是对立的，但在坚持以天、地、人和谐统一为内容的系统思维这点上则是一致的。从儒家来看，其创始人孔子建立了以"仁学"为核心的社会系统。他从当时的社会实际出发，提出了一整套协调不同阶级关系，使社会成为和谐统一体的理论和方法。比如，《礼记·大学》把儒家的社会系统思想总结为"格物、致知、诚意、正心、修身、齐家、治国、平天下"17字箴言。这是一个比较完整的儒家社会系统的理论模式，它以格物、致知为起点，即强调以对自然和社会法则的认识为起点，以修身为基本环节，达到治国、平天下的最终目的。这一思想充分体现了天、地、人和谐统一的系统整体观和思维方式。继孔子之后，孟子又提出"天人合一"的思想，主张将人性和物性融合起来，达到人与天地相参的境地。荀子虽然反对孟子的"天人合一"，但同样坚持天、地、人统一的系统思维，主张把自然界和人类社会视为宇宙大系统中对立统一的两个子系统。《荀子·天论》篇中指出："万物为道一偏，一物为万物一偏。"① 这里的万物指世界，道指宇宙，借以表述一个系统是更大的系统的一部分的观点。从道家来看，其创始人老子建构了以"道"为基本范畴的哲学体系，主张道在天地万物之先，又是包括人在内的天地万物的本原。"道生一，一生二，二生三，三生万物。"② "万物负阴而抱阳，冲气以为和。"③ 这说明客观事物之间是普遍联系的，天地万物是统一性与多样性的关系。"道大，天大，地大，人亦大。域中有四大，而人居其一焉。"④ "人法地，地法天，天法道，道法自然。"⑤ 这说明天、地、人都是以道为本原的宇宙巨大系统中大的子系统，它们之间既有层次之分，又有着内在的联系。

中国古代除了将宇宙、社会、思维（人的认识）看成是一个持续变化的系统之外，还将人体也看成是一个动态的系统。比如，中医认为，人之五脏六腑、藏象、经络等有机结构与天地自然之五行结构息息相通，以气血津液、天人相应来解析人体生理与病理之关系。战国晚期的中医经典理论著作《黄帝内经》，是古人运用系统思想研究人

---

① 方勇、李波译注：《荀子》，中华书局2011年版，第275页。
② 饶尚宽译注：《老子》，中华书局2006年版，第105页。
③ 饶尚宽译注：《老子》，中华书局2006年版，第105页。
④ 饶尚宽译注：《老子》，中华书局2006年版，第63页。
⑤ 饶尚宽译注：《老子》，中华书局2006年版，第63页。

体生理和病理现象的典范。《黄帝内经》认为，人体是由各个器官有机联系在一起的整体，一个器官的病变可能影响其他器官或整体，而整体的变化又必然会引发局部病变。因此，它主张从整体角度来研究病理和病因，并应用脏腑学说、经络学说、阴阳五行学说来说明人体的生理功能、病理变化及其相互关系。《黄帝内经》还把人体系统看成是自然界的一部分，认为人的养生规律与自然界的规律密切相关。它提出了"天人相应"的医疗原则，主张把自然现象、生理变化、社会生活、思想情绪等多方面的因素结合起来，从更大的整体范围来研究人体的生理和病理现象。这种整体观念后来发展成为中国传统医学指导临床诊断和治疗的基本原则。

中国古代系统思想还反映在农业、水利、建筑等生产生活实践之中。人们通过实践逐步认识到农业与周围环境之间存在着相互依赖和相互制约的关系。《夏小正》和《诗经·豳风·七月》中就把农作物与种子、地形、土壤、水分、肥料、季节、气候等物候和天文因素结合在一起，用相互联系的整体观点研究农事活动的规律。比如，通过天象观测掌握天体运行和季节变化的规律，编制出历法和二十四节气，以指导农事活动。我国古代的许多大型工程，如万里长城、大运河、城市园林、宫廷建造、水利工程等都体现了系统思想。战国时期秦昭王时蜀郡太守李冰与他的儿子主持修建的都江堰水利工程就是其中的一个典型代表。他们巧妙地利用当地的地形、地势和地质条件，就地取材（当地的卵石、竹、木），因势导流，成功地解决了分水、引水、溢洪、排沙等问题，能实现分洪、控流、灌溉、航运等多种功能。

此外，中国古代的军事思想中也蕴含着丰富的系统思想。比如，春秋时期著名军事家孙武所著《孙子兵法》，就是将系统思想用于军事中的典范。我国古代兵家在军事决策上十分注重天时、地利、人和相统一的战略思想，尤其是人和，故《尉缭子·战威》篇曰："天时不如地利，地利不如人和。圣人所贵，人事而已。"[①]

由此可见，中华民族自古以来就把宇宙万物看成一个巨大的系统，建立了以天、地、人和谐统一为内容的整体思维模式。这种系统思想和整体思维，推动了我国古代社会管理和科学技术的发展，促进了我国古代文化的繁荣，增强了中华民族的凝聚力。

二、西方传统系统思想

古希腊文明是西方文明的摇篮，是西方文明之母。"系统"一词，来源于古希腊语，是由部分构成整体的意思。在西方文明中，从泰勒斯、毕达哥拉斯、赫拉克利特，到莱布尼茨、黑格尔等，系统思想和观念贯穿其中且不断发展。泰勒斯是古希腊米利都学派的创始人。他把水当作世界的唯一本原，认为万物皆由水而生成，又复归于水。这显然是对宇宙、万物作了统一性的整体性解释。只不

---

① 《中国古代八大兵书》，北京燕山出版社2008年版，第47页。

过这样的整体观是建立在微观不变的简单性原则基础之上的。不仅如此，赫拉克利特在他的《论自然》里明确提出："世界是包括一切的整体。""这个世界，对于一切存在物都是一样的，它不是任何神所创造的，也不是任何人所创造的；它过去、现在、未来永远是一团永恒的活火，在一定的分寸上燃烧，在一定的分寸上熄灭。"①

古希腊哲学家巴门尼德提出了"万物归一"的思想。他认为，万物的关系是一个完整的圆圈，"存在着一条最后的边界，'存在'因此而在一切方面都被封闭，有如一个滚圆的球体，中心到各边都距离相等"②。亚里士多德的"整体不等于部分之和"的观点一直被奉为系统思想的经典原则，"系统论的本质就是整体论"。亚里士多德将自然界中所有的事物按其复杂性程度分了四个等级：四元素（"原初物体"）、同质物、异质物、有机的物体。他认为，不同等级事物间的区别同样会表现在这些事物的部分与整体的关系中。他的整体论和目的论思想对现代系统论的形成发挥了重要作用，诸多系统科学领域的科学家都从他那里得到启发。

莱布尼茨的哲学思想体系通常被称为"单子论"，主张一切事物都是由这种精神性的实体——单子构成。莱布尼茨认为，从整个世界

---

① 北京大学哲学系外国哲学史教研室编译：《西方哲学原著选读》上卷，商务印书馆1981年版，第21页。
② 苗力田、李毓章主编：《西方哲学史新编（修订本）》，人民出版社2015年版，第46页。

来看，单子与单子之间，以及由单子构成的复合物之间，有着密切的联系和相互作用。单子反映整个世界，小宇宙与大宇宙是彼此相通的，因而单子即世界，小宇宙即大宇宙。整个世界就是一个大系统，有着部分与部分、整体与整体、层次与层次之间的相互作用、相互联系。世界就是一个有序的系统，任何事物的任何状态都表现为有序与无序的不同程度的统一。

康德在《宇宙发展史概论》中提出，宇宙是以等级层次结构组成的一个普遍联系的系统整体，后来又明确了系统的特性：内在目的性、整体先在性和自我建造性，观察到了简单与复杂的矛盾性，强调世界上任何一个复合的物体都由单一的诸部分构成，除了单一的东西或者由单一的东西组成的东西外，绝不存在别的什么。黑格尔的系统观念主要体现在有机进化的整体观念和系统方法，揭示出了整体与部分之间以及部分与部分之间的矛盾就是整体进化的动力。这个体系直接反映了宇宙系统的发展，体现了系统的层次性。在恩格斯看来，黑格尔的伟大功绩在于他第一次把自然、精神和历史描述为一个系统。

由此可见，西方古代的哲学家和科学家已广泛地探索了系统的基本思想，认识到世界是一个系统，由一些基本要素组成，并认识到整体和部分的辩证关系，这些思想不断丰富发展，形成了西方传统系统思想。

第二节 坚持系统观念的理论内涵

系统是相互联系、相互作用的要素按一定方式组成的统一整体,系统性构成了事物的基本属性。随着现代科学与人类实践的发展,事物联系和发展的系统性特征获得了充分揭示和证明,系统科学作为一门独立的现代科学学科也得以产生和发展,从而在更加实证而精致的水平上确证并丰富了马克思主义系统思想。新时代新征程上,我们必须更加自觉地坚持和运用系统观念,统筹兼顾、综合施策,加强前瞻性思考、全局性谋划、战略性布局、整体性推进。

一、坚持系统观念的实践背景

党的十八大以来,中国特色社会主义进入新时代。党面临的主要任务是,实现第一个百年奋斗目标,开启实现第二个百年奋斗目标新征程,朝着实现中华民族伟大复兴的宏伟目标继续前进。习近平总书记指出:"全面建成小康社会后,我们将开启全面建设社会主义现代化国家新征程,我国发展环境面临深刻复杂变化,发展不平衡不充分问题仍然突出,经济社会发展中矛盾错综复杂,必须从系统观念出发加以谋划和解决,全面协调推动各领域工作和社会主义现代化建设。"[①] 新时代新征程,必须坚持系统观念,统筹国内国际两个大局,

---

① 习近平:《关于〈中共中央关于制定国民经济和社会发展第十四个五年规划和二〇三五年远景目标的建议〉的说明》,《人民日报》2020年11月4日。

统筹"五位一体"总体布局和"四个全面"战略布局，全面协调推动各个领域工作和社会主义现代化建设。

（一）坚持系统观念是进入新发展阶段的必然选择

进入新发展阶段，是以习近平同志为核心的党中央科学分析社会主义初级阶段基本特征、深刻把握国内国际发展大势作出的战略判断。从国际看，世界正处于百年未有之大变局，一方面各国之间经贸联系日益密切，另一方面贸易保护主义明显抬头，世界经济动荡复杂。再加上新冠疫情交织影响，世界经济不稳定性不确定性明显增加。从国内看，我国经济已经转向高质量发展阶段，这一转变是对我国社会主要矛盾转化的主动适应。过去依靠要素投入、规模扩张、外需拉动的经济增长模式难以持续，必须在转变发展方式、优化经济结构、转换增长动力中谋求更可持续的发展，实现发展质量、结构、规模、速度、效益、安全相统一，在高质量发展中解决发展不平衡不充分问题，不断满足人民日益增长的美好生活需要。在新发展阶段，必须抓住战略机遇期，坚持系统观念，全面落实各方面工作，提升国际竞争力，推动经济高质量发展。

（二）坚持系统观念是贯彻新发展理念的必然要求

新发展理念是系统的理论创新。创新、协调、绿色、开放、共享五大理念高度耦合，不能相互取代又不可分割。新发展理念不是五个理念简单地机械相加，而是各个方面相互贯通、相互促进，是具有内在联系的有机统一体。习近平总书记指出："做好经济工作是我们党治国理政的重大任务，要坚持宏观和微观、国内和国外、战略和战术紧密结合。"① 面对复杂而严峻的内外部环境，要坚持系统观念，加强对各领域发展的前瞻性思考、全局性谋划、战略性布局、整体性推进，加强政策协调配合，使发展的各方面相互促进，把贯彻新发展理念的实践不断引向深入。

创新发展是协调发展、绿色发展、开放发展、共享发展的根本推动力量；协调发展是创新发展的展开，将有力推进绿色发展、开放发展、共享发展进程；绿色发展是与生态保护统一起来的发展，是人与自然和谐共生的发展，这就要借助于创新的力量，实现生产方式和生活方式转型，在更高层次上实现协调发展、开放发展、共享发展；开放发展使发展更加注重创新和协调，更加注重提升生态文明，更加有利于实现共享发展；共享发展是以人民为中心的发展思想的重要体现，是坚持创新发展、协调发展、绿色发展、开放发展的出发点和落脚点。

因此，要从整体上、内在联系中把握新发展理念，增强贯彻落实的全面性、系统性。要坚持问题意识，以重点突破带动整体推进，在整体推进中实现重点突破，既全面贯彻新发展理念，又抓住短板弱项

---

① 《习近平关于社会主义经济建设论述摘编》，中央文献出版社2017年版，第334页。

重点推进。只有这样，才能不断解决区域差距、城乡差距、收入差距等问题，在发展中保障和改善民生，让改革发展成果更多更公平惠及全体人民。

（三）坚持系统观念是构建新发展格局的必然方法

构建以国内大循环为主体、国内国际双循环相互促进的新发展格局，是我国经济高质量发展的必然选择。国内国际双循环是相互促进、良性互动的。但经过40多年改革开放，我国经济对外需的依赖度已经大幅降低。一方面，以国内大循环为主体不是自我封闭，而是要借助国际循环促进国内循环。国内大循环只有深深融入国际大循环中，才能推动双循环的畅通。另一方面，强调国内国际双循环相互促进，有利于为国内大循环向更高层次发展提供动力和支撑，从而加速国际大循环。

我们要建设的社会主义现代化是全面发展、全面进步的现代化，有很多系统性工作摆在我们面前。习近平总书记指出："构建新发展格局是一个系统工程，既要'操其要于上'，加强战略谋划和顶层设计，也要'分其详于下'，把握工作着力点。"[①] 只有从系统观念出发，把握新发展阶段，贯彻新发展理念，构建新发展格局，统筹好国内国际两个大局，统筹好疫情防控和经济社会发展，统筹好发展和安全，加强前瞻性思考、全局性谋划、战略性布局、整体性推进，增强产业

---

① 习近平：《新发展阶段贯彻新发展理念必然要求构建新发展格局》，《求是》2022年第17期。

链供应链自主可控能力,才能抓住"落一子而满盘活"的关键环节,把发展主动权牢牢掌握在我们自己手中。①

(四)坚持系统观念是推动高质量发展的必然策略

着力推动高质量发展,一方面要立足当前,以系统观念统筹经济社会发展进程,通过历史看现实、透过现象看本质,在变与不变中精准把握历史方位,切实增强机遇意识和忧患意识,积极探索新思路、新方法、新措施,主动顺应未来走势,肩负起实现高质量发展的历史使命。另一方面要着眼长远,不断加强前瞻性思考,牢牢把握当今世界经济转型和科技进步的发展大势,坚持用全面、辩证、长远的眼光看问题,把历史、现实、未来贯通起来审视,把近期、中期、远期目标统筹起来谋划,防范潜在风险、把握机遇主动、积极应对挑战。②

二、坚持系统观念的基本内涵

万事万物是相互联系、相互依存的。只有用普遍联系的、全面系统的、发展变化的观点观察事物,才能把握事物发展规律。作为辩证唯物主义的重要认识论和方法论,系统观念是指凭借系统思维分析厘定事物内部各要素的联系,从而探寻事物发展的本质,最终在整体层面上总结事物发展内涵的客观规律。围绕运用系统观念治国理政,

---

① 参见葛扬:《为什么说要坚持系统观念》,《经济日报》2022年6月22日。
② 参见郑洁、苏雅雯:《以系统观念着力推动高质量发展》,《中国教育报》2022年11月3日。

第二章 牵一发而动全身——坚持系统观念

习近平总书记作出了一系列重要论述，比如，"全面深化改革是一项复杂的系统工程，需要加强顶层设计和整体谋划，加强各项改革关联性、系统性、可行性研究。"① "全面依法治国是一个系统工程，要整体谋划，更加注重系统性、整体性、协同性。"② "要从系统工程和全局角度寻求新的治理之道，不能再是头痛医头、脚痛医脚，各管一摊、相互掣肘，而必须统筹兼顾、整体施策、多措并举，全方位、全地域、全过程开展生态文明建设。"③

在经济工作中坚持系统观念，就是从系统论出发优化经济治理方式，运用辩证法、统筹兼顾、综合平衡，突出重点、带动全局，提高统筹谋划和协调推进能力，在多重目标中寻求动态平衡。坚持系统观念，必须秉承整体、系统、联系和发展的原则看待和解决问题，坚持用矛盾分析方法来解构系统中的多重关系，最终推进事物整体的变化发展。习近平总书记强调，要正确认识和坚定维护党和国家工作大局、改革发展稳定大局、党的领导和社会主义政权安全大局、全党全国团结大局，自觉在大局下想问题、做工作。新时代全面协调推进社会主义现代化建设事业，首先，要运用前瞻性思考对当前社会新发展阶段的形势进行深入辨析，增强机遇意识，厘定未来发展方向；其次，要审慎认识到中国特色社会主义建设事业是一盘棋，要秉承全局

---

① 《习近平关于全面深化改革论述摘编》，中央文献出版社2014年版，第38页。
② 《习近平在中央全面依法治国工作会议上强调 坚定不移走中国特色社会主义法治道路 为全面建设社会主义现代化国家提供有力法治保障》，《人民日报》2020年11月18日。
③ 习近平：《推动我国生态文明建设迈上新台阶》，《求是》2019年第3期。

性视野发现问题、谋划发展，秉承大局意识，自觉服从全局安排，明晰新征程发展目标；再次，要在统筹谋划的基础上，推进战略性布局，突出重点，把握矛盾系统中的重大关系，统摄全局发展价值；最后，在总体目标的指引下，畅通系统各环节、各要素间的程式回路，凝聚系统的整体合力，促进社会系统功能的最大优化，实现整体性推进，建构中国特色发展模式。中国特色社会主义现代化建设事业是事关全局、关系内外的系统工程，要一以贯之地坚持系统观念的科学思维指导，实现系统观念方法论的集中统一体现。[1]

我国是一个发展中大国，仍处于社会主义初级阶段，正在经历广泛而深刻的社会变革，推进改革发展、调整利益关系往往牵一发而动全身。站在全面建设社会主义现代化国家的新起点，我们要善于通过历史看现实、透过现象看本质，把握好全局和局部、当前和长远、宏观和微观、主要矛盾和次要矛盾、特殊和一般的关系，不断提高战略思维、历史思维、辩证思维、系统思维、创新思维、法治思维、底线思维能力，为前瞻性思考、全局性谋划、整体性推进党和国家各项事业提供科学思想方法。

三、坚持系统观念的基本要求

坚持系统观念，不仅要求深刻认识系统内含的本质和规律，还必

---

[1] 参见李丽：《坚持系统观念的基本逻辑与时代价值》，《中国纪检监察》2021年第8期。

须将系统的方法论原则贯穿社会发展全过程和各领域，实现系统内部各要素各尽其职、协同配合，达到系统整体的效用最优。习近平总书记指出："坚持唯物辩证法，就要从客观事物的内在联系去把握事物，去认识问题、处理问题。"① 从方法论角度看，坚持和运用系统观念就是要坚持发展地而不是静止地、全面地而不是片面地、系统地而不是零散地、普遍联系地而不是单一孤立地认识和处理问题。机械主义、形式主义、教条主义和经验主义的观点，都是形而上学的思想方法。正是从这个意义上说，坚持系统观念就必须加强前瞻性思考，必须加强全局性谋划，必须加强战略性布局，必须加强整体性推进。

（一）必须加强前瞻性思考

坚持系统观念，要以全面、辩证、长远的眼光分析经济形势。习近平总书记强调："要教育引导全党胸怀中华民族伟大复兴战略全局和世界百年未有之大变局，树立大历史观，从历史长河、时代大潮、全球风云中分析演变机理、探究历史规律，提出因应的战略策略，增强工作的系统性、预见性、创造性。"② 系统是动态的不是静止的，是由相互依赖、相互作用的若干要素构成的具有特定功能的有机整体。经济工作从来都不是抽象的、孤立的，而是具体的、联系的。

当前和今后一个时期，虽然我国发展仍然处于重要战略机遇期，

---

① 习近平：《深入理解新发展理念》，《求是》2019年第10期。
② 习近平：《在党史学习教育动员大会上的讲话》，《求是》2021年第7期。

但机遇和挑战都有新的发展变化,机遇和挑战之大都前所未有,总体上机遇大于挑战。我们要加强前瞻性思考,看清发展大势,分析面临的机遇和挑战、有利因素和不利因素,注重战略谋划,努力在危机中育先机、于变局中开新局。习近平总书记强调:"要用全面、辩证、长远的眼光看问题,积极拓展发展新空间。"[1] 系统的本质规定性,要求我们必须具备全面、辩证、长远的眼光,高瞻远瞩、统揽全局,统筹国内国际两个大局,统筹推进"五位一体"总体布局、协调推进"四个全面"战略布局,坚持稳中求进工作总基调,坚持顶层设计和基层探索相统一,坚持"两点论"和"重点论"相统一,处理好当前和长远、重点和非重点的关系。

(二)必须加强全局性谋划

习近平总书记强调:"领导干部想问题、作决策,一定要对国之大者心中有数,多打大算盘、算大账,少打小算盘、算小账,善于把地区和部门的工作融入党和国家事业大棋局,做到既为一域争光、更为全局添彩。"[2] 要开展好当前经济工作,必须以习近平新时代中国特色社会主义思想为指导,全面贯彻落实党的二十大精神,扎实推进中国式现代化,坚持稳中求进工作总基调,完整、准确、全面贯彻新发展理念,加快构建新发展格局,着力推动高质量发展,更好统筹疫情

---

[1] 习近平:《新发展阶段贯彻新发展理念必然要求构建新发展格局》,《求是》2022年第17期。
[2] 《习近平在中央党校(国家行政学院)中青年干部培训班开班式上发表重要讲话强调 年轻干部要提高解决实际问题能力 想干事能干事干成事》,《人民日报》2020年10月11日。

防控和经济社会发展，更好统筹发展和安全，全面深化改革开放，大力提振市场信心，把实施扩大内需战略同深化供给侧结构性改革有机结合起来，突出做好稳增长、稳就业、稳物价工作，有效防范化解重大风险，推动经济运行整体好转，实现质的有效提升和量的合理增长，为全面建设社会主义现代化国家开好局起好步。①

（三）必须加强战略性布局

系统的构成要素往往呈现非平衡性布局，这决定着经济工作的战略性布局须聚焦主要矛盾和矛盾的主要方面，突破重要领域和关键环节。习近平总书记指出："战略问题是一个政党、一个国家的根本性问题。"②战略思维是从全局视野和长远眼光把握事物发展总体趋势和方向、客观辩证地思考和处理问题的科学思维。习近平总书记提出的一系列原创性的治国理政新理念新思想新战略，如统筹中华民族伟大复兴战略全局和世界百年未有之大变局，统筹推进"五位一体"总体布局、协调推进"四个全面"战略布局，统筹发展和安全两件大事等，体现了高瞻远瞩的战略眼光、总揽全局的战略智慧。各级领导干部要提高战略思维能力，站在时代前沿和战略全局的高度观察、思考和处理问题，从政治上认识和判断形势，透过纷繁复杂的表面现象把握事物的本质和发展的内在规律，在解决突出问题中实现战略突破，

---

① 《中央经济工作会议在北京举行》，《人民日报》2022年12月17日。
② 习近平：《更好把握和运用党的百年奋斗历史经验》，《求是》2022年第13期。

在把握战略全局中推进各项工作。

(四) 必须加强整体性推进

整体性推进是运用系统观念落实战略规划和部署的关键举措,全面建设社会主义现代化国家是一个系统工程,必须坚持综合平衡、整体推进。习近平总书记强调,"重大改革都是牵一发而动全身的,更需要全面考量、协调推进"[①]。党的十八大以来,我们党把协调发展放在更加重要的位置,要求正确处理发展中的重大关系,促进经济社会协调发展。习近平总书记指出,"我们要学会运用辩证法,善于'弹钢琴',处理好局部和全局、当前和长远、重点和非重点的关系,在权衡利弊中趋利避害、作出最为有利的战略抉择。从当前我国发展中不平衡、不协调、不可持续的突出问题出发,我们要着力推动区域协调发展、城乡协调发展、物质文明和精神文明协调发展"[②]。坚持系统观念,必须做到全局和局部相协调,实现整体推进和重点突破相统一。加强整体推进,要在统筹兼顾中实现协同发展,在扬长避短中提升整体效能,促进经济社会发展更加稳健、更加均衡、更加协调,不断增强人民群众获得感、幸福感、安全感。

---

① 《习近平关于全面深化改革论述摘编》,中央文献出版社2014年版,第33页。
② 习近平:《深入理解新发展理念》,《求是》2019年第10期。

四、坚持系统观念的主要特征

作为马克思主义哲学在把握人与世界关系上的基本方式，系统观念是以确认事物的普遍联系为前提，进而具体揭示事物的系统存在、系统关系与系统规律的辩证思维方式。作为人们把握世界的重要思维工具，系统观念在辩证唯物主义中获得了本质提炼及其哲学表达，形成了以树立整体性思维、结构性思维、层次性思维、开放性思维和风险意识等为主要特征的思维原则，为人们在面临各种确定或不确定的环境时提供了强有力的认识支撑。

（一）整体性思维

整体性是系统思维的基本要求和首要特征。整体性思维注重把握整体及其组成要素之间的关系，它要求在认识和处理问题时必须从事物的整体出发，不仅要弄清事物是由哪些不可或缺的部分或要素组成的，而且要弄清各组成部分之间的相互联系、相互作用，进而弄清事物在整体上呈现的新的属性和新的功能。

新时代新征程，不论是改革还是发展和稳定，都要从系统观念和全局出发，统筹兼顾、整体施策、多措并举，全方位、全领域、全过程协调推进。

在深化改革上，系统谋划深化改革的重大举措，多推动创造型、引领型改革，从整体上推动各项制度更加成熟更加定型；在经济发展上，实现发展质量、结构、规模、速度、效益、安全相统一；在社会治理上，更加突出系统治理、依法治理、综合治理、源头治理；在生态环境保护上，坚持山水林田湖草沙一体化保护和系统治理，提升生态系统质量和稳定性；在改善人民生活品质上，坚持经济发展以保障和改善民生为出发点和落脚点，全面解决好人民群众关心的收入、教育、就业、社保、养老、医疗卫生、食品安全等问题，让改革发展成果更多更公平惠及全体人民。只有加强整体性推进，我国经济社会发展才能更加协调，才能不断推进共同富裕取得更为明显的实质性进展。

（二）结构性思维

结构性是系统思维的重要特征。树立结构性思维注重把握事物的不同结构层面和维度之间的关系，它要求重视对事物结构的辨识和研究，通过结构的调整推动事物存在发展形态的合理化和系统功能的优化。比如，供给侧结构性改革的关键在于结构。要处理好减法和加法的关系。做减法，就是减少低端供给和无效供给，去产能、去库存、去杠杆，为经济发展留出新空间；做加法，就是扩大有效供给和中高端供给，补短板、惠民生、防风险，加快发展新技术、新产业、新产品、新模式，为经济增长培育新动能。

在系统论看来，任何事物都包含三重"系统"结构：第一，事物自身是一个系统，作为一个独立系统，它在时间维度内不断发展延续；第二，事物内部包含许多子系统，作为母系统，它又保持相对稳定不变；第三，事物属于一个更大系统的子系统，作为子系统，它与其他子系统一起发展延续，其他系统构成了事物发展的外在环境。因此，虽然系统具有显著的结构性特征，但这种结构都是相对的而不是绝对的。这就要求我们不能静止孤立地看待系统，不能就系统自身考察系统，而是要放开眼界、开阔视野，把系统放在纵横交错的交叉点上来观察分析，既注意对它进行纵向比较，又注意对它进行横向比较。唯有如此，才可以全面准确地把握系统自身的规定性，在相互比较中真正认识和确定系统属性和价值。

当前，我国正迈向全面建设社会主义现代化国家新征程，中华民族伟大复兴正处于爬坡过坎的关键时期，各个地区、各个部门、各个系统谋划各自事业发展，都要在世界百年未有之大变局和中华民族伟大复兴战略全局这个大前提下来进行，都要在整个系统的结构中认清自身所在的位置，都要服从服务于实现第二个百年奋斗目标、实现中华民族伟大复兴的中国梦。

（三）层次性思维

层次性是指系统各要素在系统结构中表现出的多层次状态的特征。层次性是系统本身的规定性，它反映系统从简单到复杂、从低级到高级的发展过程。任何系统都具有层次性。一方面，任何系统都不是孤立的，它和周围环境在相互作用下可以按特定关系组成较高一级系统；另一方面，任何一个系统的要素，也可在相互作用下按一定关系成为较低一级的系统，即子系统，而组成子系统的要素本身还可以成为更低一级的系统。因此，任何系统总是处于系统阶梯系列中的一环。

树立层次性思维，注重把握整体的不同层次之间的关系，要求既要揭示整体的内在层次和不同层次的共同运动规律，又要研究和发现不同层次的特殊属性和特殊规律。比如，从坚持系统观念来看，"四个全面"战略布局是一个大系统，每个"全面"又是一个相对独立的小系统。全面建设社会主义现代化国家是"四个全面"中的中枢目标，全面深化改革是实现中枢目标的动力系统，全面推进依法治国是实现中枢目标的保障系统，全面从严治党是实现中枢目标的控制系统。整体不等于部分的简单相加，"四个全面"相辅相成、相得益彰，统一于党治国理政的伟大实践，统一于建设中国特色社会主义的伟大实践。把握"坚持系统观念"的层次性，从整体着眼，部分着手，各方协调，才能达到整体的优化。"四个全面"不是简单的平行关系，有战略目标，有战略举措，战略举措是为实现战略目标服务的。

（四）开放性思维

开放是系统的重要特性，完全封闭的系统是不能存在的。不存在一个与外部环境完全没有物质、能量、信息交换的系统，任何有机系统都是耗散结构系统，系统与外界不断交流物质、能量和信息，才能维持其正常运转，并且只有当系统从外部获得的能量大于系统内部消耗散失的能量时，系统才能不断发展壮大。对外开放是系统的本质要求和基本原则。

树立开放性思维，注重把握事物与其外部环境之间的关系，要求重视事物与外部环境的相互联系，通过吸收环境的有利因素促进事物自身的有序发展与更新进步。社会主义市场经济是开放型经济体系，坚持互利共赢的开放战略是坚持和完善社会主义市场经济体制的必然要求。

改革开放40多年来，中国经济发展实现了从封闭型向开放型的转变，"以开放促改革、促发展"的正确性得到充分印证。党的十八大以来，习近平总书记统筹中华民族伟大复兴战略全局和世界百年未有之大变局，在深刻总结新中国成立以来特别是改革开放以来我国对外开放实践经验的基础上，鲜明指出"中国开放的大门不会关闭，只会越开越大"，明确回答了新时代为什么要全面扩大开放和如何全面扩大开放的问题，系统阐释了全面扩大开放的重大意义、基础条件、重点任务等。这也是坚持系统观念的开放性特征的正确选择。事实已经证明并将继续证明，全面扩大开放为推动建设开放型世界经济、推动构建人类命运共同体贡献了中国力量。

改革开放以来，中国在对外开放中不断壮大，不仅发展了自己，也造福了世界。当前，世界进入新的动荡变革期，百年变局叠加世纪疫情，经济全球化遭遇逆流。在此形势下，我国秉持开放、合作、团结、共赢的信念,坚定不移全面扩大开放,通过促进内需和外需、进口和出口、引进外资和对外投资协调发展,将更有效率地实现内外市场联通、要素资源共享,让中国市场成为世界的市场、共享的市场、大家的市场,为国际社会注入更多正能量。

(五)风险意识

任何系统的运行都要考虑风险,树立风险意识是坚持系统观念的基本要求。树立风险意识,注重把握事物的有序与无序状态之间的关系,要求重视事物发展中可能遭遇的各种可以预见或难以预见的不确定的消极因素,通过前瞻性思考和主动性调整,既引导事物远离和避免各种颠覆性危险,又激发事物应变求新、化危为机。

图之于未萌,虑之于未有。新时代,树立风险意识,既是坚持系统观念的要求,也是基于新时代我国经济社会发展中各式各样的风险和挑战问题作出的科学判断。习近平总书记强调:"增强忧患意识,做到居安思危,是我们治党治国必须始终坚持的一个重大原则。"[①] 这要求我们必须进一步增强风险防范意识,准确把握国家安全形势变化新特点新趋势,立足当下国情,走出一条中国特色国家安全道路。

---

① 《习近平主持召开中央国家安全委员会第一次会议强调 坚持总体国家安全观 走中国特色国家安全道路》,《人民日报》2014年4月16日。

第三节　坚持系统观念的实践方略

党的二十大报告将"坚持系统观念"列为习近平新时代中国特色社会主义思想的世界观和方法论之一，为我国经济社会发展提供了基础性的方法论指引。坚持系统观念，是推进全面深化改革开放的内在要求，是实现经济高质量发展的客观需要，是应对国内外环境变化的必然选择。只有坚持系统观念，才能更好把握新发展阶段、贯彻新发展理念、构建新发展格局。

一、在新时代新征程中提升坚持系统观念的能力

当前，我国已迈上全面建设社会主义现代化国家新征程，坚持系统观念已上升为指导全局的基本原则。置身这一语境极为特殊而意义又尤为重大的特定时空背景之中，必须深刻领悟习近平总书记提出的"系统观念是具有基础性的思想和工作方法"论断的重大意义，努力提高运用系统思维的能力，在统筹兼顾和全面协调中推动各领域工作和社会主义现代化建设。

经济社会体系是一个普遍联系、多维多元的复杂系统，坚持系统观念，既是马克思主义理论的观点和方法，也是党领导人民在实践中总结出的重要经验。矢志"加强顶层设计和整体谋划，增强改革的系统性、整体性、协同性"，推动全面深化改革纵深发展；明确"根据各地区的条件，走合理分工、优化发展的路子"，推动我国区域协调

发展呈现新气象、形成新格局；坚持"疫情要防住、经济要稳住、发展要安全"，统筹疫情防控和经济社会发展取得重大积极成果；等等。实践充分证明，坚持系统观念，发展地而不是静止地、辩证地而不是形而上学地、全面地而不是片面地、系统地而不是零散地、普遍联系地而不是单一孤立地观察事物和把握问题，是唯物辩证法的内在要求，也是共产党人战胜风险挑战、不断从胜利走向胜利的重要认识论和方法论。"全国一盘棋"是从整体上谋划推进我国发展的形象说法，是坚持系统观念的集中体现。推动发展就好比下一盘围棋，无论是布局抢点，还是攻防进退，甚至是弃子争先，都要从总体上来权衡，统筹各方关系，兼顾不同利益，从而实现社会主义现代化建设的最大效能。坚持全国一盘棋，就是要以系统观念谋划发展，自觉做到识大体、顾全局。

恩格斯指出："每一个时代的理论思维，包括我们这个时代的理论思维，都是一种历史的产物，它在不同的时代具有完全不同的形式，同时具有完全不同的内容。"[①] 只有用普遍联系的、全面系统的、发展变化的观点观察事物，才能把握事物发展规律。新时代新征程，坚持系统观念，加强统筹协调，集中精力办好自己的事情，准备经受风高浪急甚至惊涛骇浪的重大考验，把国家和民族发展放在自己力量的基点上，我们才能把中国发展进步的命运牢牢掌握在自己手中。

---

① 《马克思恩格斯文集》第9卷，人民出版社2009年版，第436页。

第二章　牵一发而动全身——坚持系统观念

在新时代新征程中，提升坚持系统观念的能力，需要洞察时与势。"时"就是新的时机、新的时代特征，"势"就是发展趋势或走向。我们要准确把握中国特色社会主义的历史新方位、时代新变化、实践新要求。树立正确历史观、大局观、角色观，从历史逻辑、实践逻辑、理论逻辑相结合的高度把握历史规律、认识历史趋势、引领历史潮流。既要立足中华民族伟大复兴的历史伟业，顺应中华民族从站起来、富起来到强起来的伟大飞跃，谱写新时代的壮丽篇章；又要深刻把握中华民族伟大复兴战略全局与世界百年未有之大变局的辩证关系，立足大局、统筹全局、引领变局、开创新局，努力实现变中求进、变中突破、变中取胜，在国际风云变幻中保持战略定力，朝着既定目标执着前行。

"所当乘者势也，不可失者时也。"全面建设社会主义现代化国家，是一项伟大而艰巨的事业，前途光明，任重道远。新时代新征程，要坚持"致广大而尽精微"，以系统思维聚合力，用系统方法谋全局，把历史、现实、未来贯通起来审视，把近期、中期、远期的目标统筹起来谋划，不断推进实践基础上的理论创新，不断开辟马克思主义中国化时代化新境界。

二、在贯彻新发展理念中提升坚持系统观念的能力

创新、协调、绿色、开放、共享，是全面建设社会主义现代化国家的核心理念及发展目标、实践动力和基本尺度，蕴含着深邃的

系统观念及精神实质,体现了坚持系统观念的战略导向与实践指向。习近平总书记指出:"完整、准确、全面贯彻新发展理念,必须坚持系统观念。"[1] 新时代新征程,提升坚持系统观念的能力,必须紧紧围绕创新是第一动力、协调是内在要求、绿色是必要条件、开放是必由之路、共享是本质要求的总体把握,深刻呈现蕴含在新发展理念中的系统性本质及其精髓,精准把握坚持系统观念的实践路径。

(一)贯彻创新发展理念,提升坚持系统观念的能力

推进创新发展,必须坚持系统观念,更加注重系统思维、整体统筹、协同发力,要统筹科技体制改革和经济社会领域改革,统筹推进科技、管理、组织、模式创新,统筹推进融合创新和协同创新。要强化组织领导,强化政策、部门、单位同频共振,加大经费投入,蹄疾步稳地推进创新,形成利于创新、敢于创新、善于创新的良好氛围。

改革开放 40 多年来,我国供给体系产能已十分强大,220 多种主要工农业产品生产能力稳居世界第一位。但是还必须看到,我国生产能力大多数只能满足中低端、低质量、低价格的需求。况且,关键核心技术长期受制于人,一些重要原材料、关键零部件、高端装备依赖于进口。同时,长期积累的结构性矛盾仍然突出。只有深入贯彻创新发展理念,推动经济发展质量变革、效率变革和动力变革,由中低端产业为主转为向中高端产业发力,由传统动能当家转为新动能崛起,

---

[1] 习近平:《全党必须完整、准确、全面贯彻新发展理念》,《求是》2022 年第 16 期。

才能实现高质量发展。

从外部环境看,百年变局叠加世纪疫情,世界经济复苏进程仍然曲折,贸易保护主义、单边主义、民粹主义以及逆全球化思潮抬头,输入型负面影响不可低估。只有贯彻创新发展理念,坚定实施创新驱动发展战略,在更高水平上融入全球分工体系,显著增强我国经济质量优势,才能在激烈的国际竞争中赢得主动,使开放条件下的现代化立于不败之地。

在贯彻创新发展理念中,不论是科技创新,还是理论创新、制度创新、实践创新、文化创新等,都要提升坚持系统观念的能力。在以习近平同志为核心的党中央坚强领导下,充分发挥社会主义市场经济的独特作用,充分发挥我国社会主义制度优势,充分发挥科学家和企业家的创新主体作用,形成推动攻克关键核心技术的强大合力,加快提高科技创新能力,为我国发展提供有力科技保障。

(二)贯彻协调发展理念,提升坚持系统观念的能力

一个国家和社会的整体发展水平,不仅取决于发展最好的部分,也受限于发展落后的地方,这就是"木桶原理"。我们要建设的现代化是惠及全体人民的现代化,如果区域和城乡之间发展不平衡,不同群体的收入差距问题不解决,现代化的认同感就不高,社会主义制度的优越性就无从谈起,共同富裕就不可能实现。坚持系统观念,必须奏响区域发展协奏曲,推进城乡融合发展,让全体人民劳有所得,共享中华民族从

富到强的丰硕成果。

长期以来，我国社会主要矛盾是人民日益增长的物质文化需要同落后的社会生产之间的矛盾。改革开放极大地解放和发展了我国社会生产力，社会生产总体上不再落后，但发展中不平衡、不协调、不可持续问题十分突出。新时代，我国社会主要矛盾已转化为人民日益增长的美好生活需要和不平衡不充分的发展之间的矛盾，只有不断地解决这个矛盾，大力提升发展质量和效益，才能更好满足人民在经济、政治、文化、社会、生态等方面日益增长的需要。我国社会主要矛盾的变化是历史性变化，迫切需要以协调发展理念引领发展，实现更平衡、更充分的科学发展，促进人的全面发展、社会全面进步。

系统观念的科学性，在于其立足整体视域把握事物的本质特征和发展变化的规律特点，通过系统思维分析事物发展的相关要素和内在机理，运用系统方法观察处理问题、优化系统结构、实现系统整体的最佳功能。深入贯彻协调发展理念，要求构建形式多样、内容丰富的多重体系，细化系统内部的诸多环节，强调各环节之间的协调和配合，实现发展质量、结构、规模、速度、效益、安全相统一。提升坚持系统观念的能力，既需要提出顶层设计和总体目标，又需要注重把握推进各领域工作的速度、力度和节奏，通过实施富有前瞻性、全局性、基础性、针对性的重大举措，统筹谋划好重要领域的接续改革，加强战略性布局，赢得全面发展优势。

（三）贯彻绿色发展理念，提升坚持系统观念的能力

"天地与我并生，而万物与我为一。"人类文明的发展史就是一部人与自然的关系史，生态环境变化直接影响文明兴衰演替。习近平总书记在党的二十大报告中指出："大自然是人类赖以生存发展的基本条件。尊重自然、顺应自然、保护自然，是全面建设社会主义现代化国家的内在要求。必须牢固树立和践行绿水青山就是金山银山的理念，站在人与自然和谐共生的高度谋划发展。"[1] 加快建立健全绿色低碳循环发展经济体系，难在"体系"；推进经济社会发展全面绿色转型，难在"全面"，关键在于提高战略思维能力，把系统观念贯穿绿色发展工作的全过程。比如，处理好发展和减排的关系，就要统筹能源保供稳价、能耗双控等。

绿色是美好生活的基础，是人民群众的期盼。小到城镇绿色节能改造、建筑光伏一体化，大到环境托管服务的推行、绿色环保产业的壮大，协同推进经济高质量发展和生态环境高水平保护任重道远，迫切需要"致广大而尽精微"地转变发展方式和生活方式。大处着眼、小处着手，善于统筹协调、形成工作合力，以系统观念推动绿色低碳发展，我们一定能在新发展阶段实现全面绿色转型，推动我国经济持续健康发展。

---

[1] 习近平：《高举中国特色社会主义伟大旗帜　为全面建设社会主义现代化国家而团结奋斗——在中国共产党第二十次全国代表大会上的报告》，人民出版社 2022 年版，第 49—50 页。

（四）贯彻开放发展理念，提升坚持系统观念的能力

科学分析矛盾、作出正确判断选择，要求全面地而不是片面地、普遍联系地而不是孤立地观察事物，克服片面化、极端化倾向。我们要清醒地认识到，内外需市场是相互依存、相互促进的，构建新发展格局，以国内大循环为主体，绝不是关起门来封闭运行。我国经济已同全球经济深度融合，在全球产业链供应链中具有不可替代的地位，我国已成为全球经济增长的主要引擎、推动经济全球化健康发展的中坚力量。贯彻开放发展理念，提升坚持系统观念的能力，要统筹国内国际两个大局，构建高水平社会主义市场经济体制，推动国内国际双循环相互促进。近年来，尽管经济全球化遭遇逆流，单边主义、保护主义不断抬头，但经济全球化的历史大势并未改变。我国坚定不移奉行互利共赢的开放战略，努力以高水平开放塑造参与国际合作和竞争的新优势。面对发展机遇和挑战的深刻变化，既要立足国内大循环，构筑强大的国内经济循环体系和稳固的基本盘，以此形成对全球要素资源的强大吸引力、在激烈国际竞争中的强大竞争力、在全球资源配置中的强大推动力；又要推动国内市场和国际市场更好联通，以国际循环提升国内大循环效率和水平，发挥国际资源、国际市场、国际分工对我国国家创新体系建设、产业转型升级等方面的带动作用，增强我国在全球产业链供应链创新链中的影响力。

（五）贯彻共享发展理念，提升坚持系统观念的能力

贯彻共享发展理念、实现共同富裕是新时代社会主义现代化建设的本质要求，必须贯彻和坚持整体性、协调性、规律性的系统观念。"实现全体人民共同富裕"是中国式现代化的本质要求，也是贯彻共享发展理念的最终目标。习近平总书记强调："我们说的共同富裕是全体人民共同富裕，是人民群众物质生活和精神生活都富裕，不是少数人的富裕，也不是整齐划一的平均主义。"① 全体人民的共同富裕必定是具体的富裕，是具体的总体，而不是抽象的总体，最终要落实到"现实的个人"，因而在坚持共同富裕的整体性思维的同时，也不能忽视对各地区共同富裕具体实际的分析把握。

精神生活共同富裕是共同富裕的重要组成部分。习近平总书记强调，中国式现代化是人口规模巨大的现代化，是全体人民共同富裕的现代化，是物质文明和精神文明相协调的现代化。在推进共同富裕的实践中，必须树立系统思维，坚持系统方法，将精神生活共同富裕纳入共同富裕的整体视野之中，而不能割裂物质生活共同富裕和精神生活共同富裕的有机整体联系。只有坚持系统思维，在共同富裕的总体和全局中理解和把握精神生活共同富裕，才能避免共同富裕走向局限和僵化理解。

习近平总书记强调："我们要实现14亿人共同富裕，必须脚踏实

---

① 习近平：《扎实推动共同富裕》，《求是》2021年第20期。

地、久久为功，不是所有人都同时富裕，也不是所有地区同时达到一个富裕水准，不同人群不仅实现富裕的程度有高有低，时间上也会有先有后，不同地区富裕程度还会存在一定差异，不可能齐头并进。"[①] 面对全国各地区不同实际的复杂情况，必须坚持系统思维和系统方法。只有在共同富裕的整体中有机分析各地区推进共同富裕的实践情况及其差异化原因，才能在实践中扎实推进共同富裕有效落实，不断满足全体人民对物质生活和精神生活共同富裕的现实要求。

三、在构建新发展格局中提升坚持系统观念的能力

构建以国内大循环为主体、国内国际双循环相互促进的新发展格局，是与时俱进提升我国经济发展水平的战略抉择，是塑造我国国际经济合作和竞争新优势的战略抉择，也是注重从系统观念出发谋划和推进我国社会主义现代化建设全局的战略抉择，展现着坚持系统观念的时空自觉和开阔视野。新时代新征程，遵循坚持系统观念的原则，必须深刻把握蕴含在新发展格局中的系统性要求及其精髓，始终面向坚持系统观念的战略重点。

构建新发展格局是一项涉及面很广的系统工程，不可能一蹴而就，需要坚持目标导向和问题导向，坚持系统观念，久久为功，这既是认识论，更是方法论。

[①] 习近平：《扎实推动共同富裕》，《求是》2021年第20期。

第二章 牵一发而动全身——坚持系统观念

其一，在补短板、强弱项中实现供需的良性互动。补齐短板、打通堵点，是畅通经济循环的关键，具有"一通百通"的重要带动作用。要聚焦产业链供应链安全稳定，加强基础研究和应用基础研究，构建社会主义市场经济条件下关键核心技术攻关新型举国体制，加快突破关键核心技术。强化与国际产业链、供应链的对接融合，在稳住国内产业基本盘的同时，通过推进高水平对外开放，不断提升我国在国际产业链和价值链中的地位。持续开展质量提升行动，不断提高产品和服务质量。

其二，在强化要素支撑中推动科技创新和产业结构升级。着力建设完整的内需体系，深入推进要素市场化改革，加快构建统一开放、竞争有序的现代市场体系，让各类要素自由流动、发挥最大效力。打造国际一流的营商环境，加强产权和知识产权保护。同时，加快建立制造业职业工人技术评定通用评价体系，让技术工人有真正的职业归属感。建议比照教授、研究员等职称评定系列，对技术工人职业技术水平进行规范认证，增进职业认同感，提升岗位"含金量"。

其三，在形成政策合力中使构建新发展格局落到实处。加强产业政策、区域政策、财税政策精准协调，形成政策合力，促进经济总量平衡、结构优化、内外均衡。构建科技、产业、金融协同互促的政策体系，促进产业政策转型，强化政策功能性。提升预期管理水平，完善宏观经济政策动态调节机制。坚定维护多边贸易体制，积极主动参与全球宏观经济政策协调，推动制定更加公平合理的国际经贸规则。

坚持系统观念，把握构建新发展格局，需要统筹好发展和安全两件大事。安全发展是构建新发展格局的重要前提和保障，是畅通国内大循环的题中应有之义。贯彻落实总体国家安全观，不断完善推动高质量发展、建设现代化经济体系的体制机制，守住不发生系统性风险的底线，才能确保国内经济循环体系的基本盘始终稳固，才能牢牢掌握改革发展的战略主动权。要牢固树立安全发展理念，加快完善安全发展体制机制，补齐相关短板，维护产业链、供应链安全，积极做好防范化解重大风险工作，促进经济社会安定有序，为构建新发展格局提供坚实保障。

四、在推动高质量发展中提升坚持系统观念的能力

发展是党执政兴国的第一要务，在推动高质量发展中提升坚持系统观念的能力，需要处理好全局和局部、当前和长远、宏观和微观、主要矛盾和次要矛盾的关系。习近平总书记指出："要坚持'两点论'和'重点论'的统一，善于厘清主要矛盾和次要矛盾、矛盾的主要方面和次要方面，区分轻重缓急，在兼顾一般的同时紧紧抓住主要矛盾和矛盾的主要方面，以重点突破带动整体推进，在整体推进中实现重点突破。"[1]

长期以来，我们党始终运用系统观念思考问题，坚持"两点论"

---

[1] 习近平：《在省部级主要领导干部学习贯彻党的十八届五中全会精神专题研讨班上的讲话》，《人民日报》2016年5月10日。

和"重点论"相统一，强调看待问题既要全面，坚持系统整体推进，照应系统的方方面面，又要看主流大势、发展趋势，紧紧抓住主要矛盾和矛盾的主要方面，注重统筹兼顾，推进协调发展。进入新时代，不平衡不充分的发展成为制约我国高质量发展的主要矛盾及其主要方面。为不断满足人民日益增长的美好生活需要，要从系统观念出发加以谋划和解决，坚持在"两点"中把握"重点"，善于辨别轻重缓急，实现全局和局部相配套、治本和治标相结合、渐进和突破相衔接，不断推进城乡融合和区域协调发展，推动经济实现质的有效提升和量的合理增长。

坚持系统观念，关键是要以系统思维聚合力，用统筹方法谋全局。社会主义现代化建设，是一个由诸多领域、诸多环节、诸多层面构成的大系统，如果不能从系统的角度通盘考虑、整体谋划、协同推进，就会陷入顾此失彼、进退失据的境地。新时代新征程，谋划高质量发展，有很多系统性工作摆在我们面前，所要实现的主要目标相比以往，更加强调协同效应，注重整体效能。比如，加快建设创新型国家，既要推动科教产深度融合，又要探索人才培养引进办法，还要着眼完善科技创新体制机制等一揽子工作举措。党的二十大报告指出："教育、科技、人才是全面建设社会主义现代化国家的基础性、战略性支撑。必须坚持科技是第一生产力、人才是第一资源、创新是第一动力，深入实施科教兴国战略、人才强国战略、创新驱动发展战略，开辟发展新领域新赛道,不断塑造发展新动能新优势。"①构建完整内需体系,则需要注重以高质量供给引领和创造新需求,促进消费与投资协调互动、供给与需求动态平衡。推动高质量发展,要牢牢把握全局与局部、整体与部分、当前与长远、安全与发展的关系,自觉把经济发展与生态环保、安全生产、社会稳定、民生改善一体谋划、一体推进,做好固根基、扬优势、补短板、强弱项各项工作,实现更高质量、更有效率、更加公平、更可持续、更为安全的发展。

坚持系统观念,推动高质量发展,关键是要统筹好当前和长远的关系。习近平总书记指出:"要把握好当前和长远的关系,放眼长远认真研究,克服急功近利、急于求成的思想。"②中国共产党始终自觉运用系统观念和系统思维,把握世界发展大势,站在时代前沿和战略高度谋篇布局、推进工作。

着力推动高质量发展,一方面要立足当前,以系统观念统筹经济社会发展进程,通过历史看现实、透过现象看本质,在变与不变中精准把握历史方位,切实增强机遇意识和忧患意识,积极探索新思路、新方法、新措施,主动顺应未来走势,肩负起实现高质量发展的历史使命。另一方面要着眼长远,不断加强前瞻性思考,牢牢把握当今世界经济转型和科技进步的发展大势,坚持用全面、辩证、长远的眼光

---

① 习近平:《高举中国特色社会主义伟大旗帜 为全面建设社会主义现代化国家而团结奋斗——在中国共产党第二十次全国代表大会上的报告》,人民出版社2022年版,第33页。
② 《习近平谈治国理政》第4卷,外文出版社2022年版,第368页。

看问题，把历史、现实、未来贯通起来审视，把近期、中期、远期目标统筹起来谋划，防范潜在风险、把握机遇主动、积极应对挑战。

党的十八大以来，我们党充分认识改革发展取得的重大成就、积累的宝贵经验、奠定的坚实基础，努力实现稳增长和防风险长期均衡，走出了一条越来越宽广的高质量发展之路。新时代新征程，我们要深入分析当前国内外复杂形势，科学预见未来方向，抓好战略谋划，着力推动我国经济社会持续平稳、健康、高质量发展。

五、在深化供给侧结构性改革中提升坚持系统观念的能力

党的十八大以来，我国经济发展进入新常态，面临"三期叠加"的复杂局面，前期大规模经济刺激政策不可避免产生产能过剩、债务累积、成本上升等问题，人口、劳动力、技术、全要素生产率等影响长期发展的供给侧要素发生深刻变化，经济运行主要矛盾从总需求不足转变为供给结构不适应需求结构的变化，矛盾的主要方面转到供给侧。2015年，习近平总书记提出实施供给侧结构性改革，明确去产能、去库存、去杠杆、降成本、补短板五大重点任务，通过大力推动"破、立、降"，使供需结构失衡得到矫正，通货紧缩趋向得到遏制，不仅促进了我国经济增长，而且促进了全球经济复苏。

供给侧结构性改革是运用系统观念推动经济高质量发展的手段，也是以系统思维推动经济发展的结果。创造性地提出供给侧结构性改革，是以习近平同志为核心的党中央深刻洞察国际国内形势变化、科

学把握发展规律和我国现阶段经济运行主要矛盾作出的重大决策部署。这一重要理论创新成果，丰富发展了马克思主义政治经济学关于生产和需要关系的理论，其根本在于推动我国供给能力更好满足广大人民日益增长的、不断升级的、个性化的物质文化和生态环境需要，从而实现社会主义生产目的。坚持以供给侧结构性改革为主线不动摇，不仅是改善供给结构、提高经济发展质量和效益的治本良方，也是培育增长新动力、形成先发优势、实现创新引领发展的必然要求。

我国实施供给侧结构性改革以来，通过畅通产业链供应链、改善供给侧环境、优化供给机制、改革制度供给，改革深入各个重点行业和领域，从最初的去产能、去杠杆、去库存、降成本、补短板，到巩固"三去一降一补"成果，再到进一步加大"破、立、降"力度，重点行业和关键领域供给侧结构性改革取得了超预期的成效和进展。实践证明，不论是制造业供给侧结构性改革，还是农业供给侧结构性改革、金融供给侧结构性改革、制度供给侧结构性改革等，都是在系统思维的引领下展开的。坚持系统观念，是供给侧结构性改革取得成功的重要法宝，这为经济持续健康发展打造了新引擎、构建起了新支撑。

在现代市场经济条件下，国民经济从时间和空间上是一个完整、连续的整体，是一个相互联系、运动不息的复杂系统。分析和解决经济问题，必须坚持系统观念，全面、联系、动态地看问题，避免片面、割裂、静止的形而上学观点。需求和供给都是对经济运行过程的理论抽象，是分析和解决经济问题的重要概念。但现实的经济运行是生产、分配、流通、消费各环节的连续循环过程，经济政策要着眼全局和整体进行设计，实现扩大内需和深化供给侧结构性改革有机结合，畅通国民经济循环，提高发展质量、动力、活力。

推动中国经济高质量发展，必须坚持系统观念，处理好供给侧结构性改革和需求侧管理的关系。供给侧结构性改革重在解决长期结构性问题，强调通过改革，优化要素配置来提高供给体系质量和效率，更好地适应、引领和创造新需求；需求侧管理则重在保持总需求稳定，实施扩大内需战略，持续壮大国内市场。两者既缺一不可又相互促进，是社会主义市场经济内在关系的两个方面，共同构成供给创造需求、需求牵引供给的国民经济供需循环。

党的二十大报告提出："把实施扩大内需战略同深化供给侧结构性改革有机结合起来，增强国内大循环内生动力和可靠性，提升国际循环质量和水平，加快建设现代化经济体系，着力提高全要素生产率，着力提升产业链供应链韧性和安全水平，着力推进城乡融合和区域协调发展，推动经济实现质的有效提升和量的合理增长。"[1]

当前，我国已全面建成小康社会，大部分领域"有没有"的问题基本解决，"好不好"的问题更加突出，需要通过高质量发展解决我国社会主要矛盾。中国式现代化既有各国现代化的共同特征，更有基

---

[1] 习近平：《高举中国特色社会主义伟大旗帜 为全面建设社会主义现代化国家而团结奋斗——在中国共产党第二十次全国代表大会上的报告》，人民出版社2022年版，第28—29页。

于自己国情的中国特色，要遵循中国式现代化的本质要求，以中国式现代化全面推进中华民族伟大复兴。坚持系统观念，要牢牢把握发展这个党执政兴国的第一要务，完整、准确、全面贯彻新发展理念，有效发挥超大规模市场优势，实施好扩大内需战略，深化供给侧结构性改革，推动经济实现质的有效提升和量的合理增长，更好实现人民日益增长的美好生活需要，不断推进和拓展中国式现代化。

第三章 有的才能放矢
——坚持目标导向和问题导向相结合

目标是奋斗方向。恩格斯强调:"为了达到伟大的目标和团结,为此所必需的千百万大军应当时刻牢记主要的东西,不因那些无谓的吹毛求疵而迷失方向。"①

问题是时代声音。马克思指出:"世界史本身,除了用新问题来回答和解决老问题之外,没有别的方法。……问题却是公开的、无所顾忌的、支配一切个人的时代之声。问题是时代的格言,是表现时代自己内心状态的最实际的呼声。"②

坚持目标导向、解答时代问题,是马克思主义理论创新发展的必然要求,也是立足新时代中国国情、做好经济工作的重要方法论之一,更是开启全面建设社会主义现代化国家新征程的重要法宝。坚持目标导向和问题导向相结合,是中国共产党基于马克思辩证唯物主义和历史唯物主义基本原理,深刻把握百年奋斗总结的历史经验。

---

① 《马克思恩格斯全集》第38卷,人民出版社1972年版,第270页。
② 《马克思恩格斯全集》第1卷,人民出版社1995年版,第203页。

第三章　有的才能放矢——坚持目标导向和问题导向相结合

第一节
坚持目标导向和问题导向相结合的理论逻辑

历史总是在每个时代不断树立新目标、解决现实问题中前进的，历史的进步呼唤理论创新。坚持目标导向和问题导向相结合，充分体现了马克思主义的中国化和时代化。马克思主义之所以"行"，就是因为它给我们这个时代提供了宏伟目标的科学世界观和解决实际问题的科学方法论，在应对各种问题时绽放出真理的光明，运用辩证唯物主义和历史唯物主义基本理论，在解决问题中不断创新发展，引导我们逐步走向每个人自由而全面发展的共产主义远大目标。基于历史唯物主义和辩证唯物主义视角理解马克思主义根本价值目标，我们可以看到，坚持目标导向正是马克思主义科学的世界观和方法论。同时，实现目标要敢于正视问题，坚持问题导向是马克思主义的鲜明特点。

一、坚持目标导向是马克思主义科学的世界观和方法论

马克思、恩格斯在《共产党宣言》中论述了无产阶级作为资本主义掘墓人的伟大历史使命和建立共产主义新社会的奋斗目标，指出："代替那存在着阶级和阶级对立的资产阶级旧社会的，将是这样一个联合体，在那里，每个人的自由发展是一切人的自由发展的条件。"[1]

---

[1] 《马克思恩格斯文集》第2卷，人民出版社2009年版，第53页。

马克思有很强的目标导向，他的根本价值目标是追求无产阶级解放、全人类解放和每个人自由而全面的发展。党的十八大以来，习近平总书记明确了实现"两个一百年"奋斗目标的战略规划，以目标为导向，把党和人民事业发展的美好生活向往转化为具体行动。

目标的实现离不开奋斗的过程，正确的目标带动人类社会的历史进步，对社会历史发展有着重要的影响。马克思正是因为发现了人类社会发展的历史规律，科学地解决了社会存在和社会意识的关系问题，创立了唯物史观。可见，基于马克思唯物史观视域，社会发展目标建构就有了科学的理论依据。马克思、恩格斯运用唯物史观，透过历史表象，进一步探寻到了社会历史深处动力的动力。他们发现物质生产是社会发展的基础，于此形成的生产力和生产关系、经济基础和上层建筑两重矛盾是社会发展的基本矛盾和根本动力。马克思在《〈政治经济学批判〉序言》中对社会基本矛盾作出了明确阐释："物质生活的生产方式制约着整个社会生活、政治生活和精神生活的过程。不是人们的意识决定人们的存在，相反，是人们的社会存在决定人们的意识。社会的物质生产力发展到一定阶段，便同它们一直在其中运动的现存生产关系或财产关系（这只是生产关系的法律用语）发生矛盾。于是这些关系便由生产力的发展形式变成生产力的桎梏。那时社会革命的时代就到来了。随着经济基础的变更，全部庞大的上层建筑也或慢或快地发生变革。"① 马克思、恩格斯正是基于分析资本主义社会的基本矛盾，得出建立实现人的"自由个性"全面发展的共产主义宏伟目标。

那么马克思、恩格斯为了实现奋斗目标，是如何分析资本主义社会的基本矛盾呢？

第一，从分析资本主义生产着手。马克思在《政治经济学批判（1857—1858年手稿）》中指出："首先就会看到一个限制，这不是一般生产的限制，而是以资本为基础的生产的限制。这种限制是二重的，或者更确切些说，是从两个方向来看的同一个限制。这里只要指出资本包含着一种特殊的对生产的限制——这种限制同资本要超越生产的任何界限的一般趋势相矛盾——就足以揭示出生产过剩的基础，揭示出发达的资本的基本矛盾；就足以完全揭示出，资本并不像经济学家们认为的那样，是生产力发展的绝对形式，资本既不是生产力发展的绝对形式，也不是与生产力发展绝对一致的财富形式。"② 可以看到资本主义生产并非人类最后的生产方式，由于资本主义生产受到限制，资本主义生产只是一个历史阶段的物质生产方式。然而，不容忽视的是，物质生产方式是社会存在和发展的基础，它决定着社会的结构、性质和面貌，制约着人们的经济生活和精神生活等全部社会生活，更决定着整个社会历史的变化发展。直到在《资本论（1863—

---

① 《马克思恩格斯全集》第31卷，人民出版社1998年版，第412—413页。
② 《马克思恩格斯文集》第8卷，人民出版社2009年版，第96页。

1865年手稿）》中，马克思进一步认识到资本主义生产既是资本的再生产过程，又是作为资本主义生产关系的生产过程，由此生产过程创造了资本，实质上就是生产过程创造了剩余价值。在雇佣劳动条件下，工人劳动把劳动的生产条件作为资本生产出来，资本主义生产正是这种生产关系的再生产，并且是规模不断增长的再生产，与工人相对立的资本世界也就与工人相异化，而且反过来统治工人的程度越来越严重，工人的贫困化与资本主义生产的丰饶互相对立。

可见，资产阶级与劳动无产阶级的对立是资本主义生产带来的必然结果，这也是资本主义社会基本矛盾的一种体现。不仅如此，在资本主义生产过程中，"社会分工的无政府状态和工场手工业分工的专制是互相制约的"①，同时，"工场内部的分工还完全受到排斥，或者只是在很狭小的范围内，或者只是间或和偶然地得到发展"②。这种单个企业内部生产的有组织性和整个社会生产的无政府状态之间的矛盾，也是资本主义社会基本矛盾的另一种体现。

第二，深入资本主义生产中二重形式的劳动内部。马克思在《资本论（1863—1865年手稿）》中分析了资本主义生产过程本身造成二重形式的抽象劳动的社会性和具体劳动的私人性之间的矛盾，在资本主义制度下，这种矛盾进一步发展成生产社会化和资本主义私人占有这一资本主义社会的基本矛盾，正是这一矛盾的不断运动，使资本主

---

① 《马克思恩格斯文集》第5卷，人民出版社2009年版，第413页。
② 《马克思恩格斯文集》第5卷，人民出版社2009年版，第413页。

义会爆发经济危机,最终被社会主义制度代替具有了客观必然性。

第三,资本主义社会基本矛盾产生的客观必然性。恩格斯在《社会主义从空想到科学的发展》中系统阐述了资本主义社会基本矛盾产生的原因和主要内容。1825年至1877年,资本主义社会相继出现六次经济危机,在危机中社会化生产和资本主义占有之间的矛盾剧烈地爆发出来,经济冲突达到了顶峰,生产方式与交换方式的对立,"商品流通暂时停顿下来;流通手段即货币成为流通的障碍;商品生产和商品流通的一切规律都颠倒过来了"[1],生产力反对已经被它超越的生产方式,"资本主义生产方式暴露出它没有能力继续驾驭这种生产力"[2],这直接造成无产阶级和资产阶级对抗,"社会的生产无政府状态的推动力使大多数人日益变为无产者,而无产者群众又将最终结束生产的无政府状态。社会的生产无政府状态的推动力,使大工业中的机器无止境地改进的可能性变成一种迫使每个工业资本家在遭受毁灭的威胁下不断改进自己的机器的强制性命令。但是,机器的改进就造成人的劳动的过剩"[3]。接踵而来的经济危机把资本主义带向存在的极限,资本主义必然灭亡是不可避免的,这已经意味着社会主义代替资本主义是资本主义基本矛盾不断恶化的必然结果,社会主义必然胜利。

这"两个必然"是马克思、恩格斯基于资本主义社会基本矛盾研

---

[1] 《马克思恩格斯文集》第9卷,人民出版社2009年版,第293页。
[2] 《马克思恩格斯文集》第9卷,人民出版社2009年版,第294页。
[3] 《马克思恩格斯文集》第9卷,人民出版社2009年版,第290页。

究人类历史发展，特别是资本主义历史发展所得出的基本结论，"两个必然"的实现需要相应的历史条件，马克思指出："无论哪一个社会形态，在它所能容纳的全部生产力发挥出来以前，是决不会灭亡的；而新的更高的生产关系，在它的物质存在条件在旧社会的胎胞里成熟以前，是决不会出现的。"① 这就是人们常说的"两个决不会"，揭示了社会更替的历史必然条件，马克思、恩格斯指明了无产阶级的历史使命，如前所述，得出无产阶级是资本主义"掘墓人"和共产主义建设者的重要结论。只有无产阶级作为革命的领导者，才能够带领广大人民群众推翻资本主义旧世界，实现建立社会主义和共产主义的根本目标。

回顾党的百年奋斗历程，毛泽东运用历史唯物主义的世界观和方法论全面系统分析了自鸦片战争以来中国社会的性质，厘清了中国社会发展的历史脉络和变化规律，从而准确把握了我国基本国情。他指出："中华民族的发展（这里说的主要地是汉族的发展），和世界上别的许多民族同样，曾经经过了若干万年的无阶级的原始公社的生活。而从原始公社崩溃，社会生活转入阶级生活那个时代开始，经过奴隶社会、封建社会，直到现在，已有了大约四千年之久。"② 基于这种状况，带着民族解放和民族复兴的伟大目标，中国共产党领导中国人民经历了28年的浴血奋战，取得了中国革命的胜利，并积极探索

---

① 《马克思恩格斯选集》第2卷，人民出版社1995年版，第33页。
② 《毛泽东选集》第2卷，人民出版社1991年版，第622页。

了社会主义发展道路。

改革开放后,邓小平指出:"按照历史唯物主义的观点来讲,正确的政治领导的成果,归根结底要表现在社会生产力的发展上,人民物质文化生活的改善上。如果在一个很长的历史时期内,社会主义国家生产力发展的速度比资本主义国家慢,还谈什么优越性?我们要想一想,我们给人民究竟做了多少事情呢?我们一定要根据现在的有利条件加速发展生产力,使人民的物质生活好一些,使人民的文化生活、精神面貌好一些。"[1]邓小平基于历史唯物主义视野,提出符合我国经济社会发展的科学论断,强调社会主义必须解放和发展生产力,提高人民的生活水平,这在改革开放和社会主义现代化建设新时期起到了重要作用。

党的十八大以来,习近平总书记在十八届中央政治局第十一次集体学习时,号召推动全党学习历史唯物主义基本原理和方法论,更好认识国情,更好认识党和国家事业发展大势,更好认识历史发展规律,更加能动地推进各项工作,并且重点强调了要"学习和掌握社会基本矛盾分析法,深入理解全面深化改革的重要性和紧迫性"[2]。

综上所述,中国共产党之所以能够团结带领中国人民接续奋斗,推动中华民族迎来了从站起来、富起来到强起来的伟大飞跃,重要原

---

[1] 《邓小平文选》第2卷,人民出版社1994年版,第128页。
[2] 习近平:《坚持历史唯物主义不断开辟当代马克思主义发展新境界》,《求是》2020年第2期。

因之一是中国共产党人始终坚持共产主义理想和社会主义信念的奋斗目标，坚持目标导向，以马克思主义为指导，从社会基本矛盾出发，将马克思主义基本原理同中国具体实际相结合，明确目标导向是马克思主义科学的世界观和方法论。

二、坚持问题导向是马克思主义的鲜明特点

坚持问题导向是指进入真实的现实世界，发现问题、分析问题和解决问题。但问题导向不是简单地寻找问题，忽视理论，甚至没有理论，而应该是任何问题都离不开理论。寻找问题是为了解决问题，只有尊重这种方法，才能体现出真正的理论和实践范式。马克思主义政治经济学为我们寻找问题、分析问题和解决问题提供了重要的分析范式和方法。问题导向是马克思主义政治经济学的重要方法论原则。马克思通过对资本主义社会雇佣劳动生产商品这一资本主义生产过程的研究，分析出资本主义社会的经济运行规律，重点探索资本主义生产方式和与它相适应的生产力和生产关系，总结资本主义社会的基本矛盾，寻找其中的科学规律和一般性特征，从此形成诸多科学的概念、范畴和理论体系。马克思以问题为导向的分析方法，深刻揭示了资本主义制度的本质及其发展趋势，为我们研究和解决所处时代的经济问题提供了根本遵循。[1]

---

[1] 参见刘守英、熊雪锋：《坚持问题导向的中国经济理论创新》，《中国社会科学》2022年第10期。

第三章 有的才能放矢——坚持目标导向和问题导向相结合

马克思早在《莱茵报》时期就指出:"一个时代的迫切问题,有着和任何在内容上有根据的因而也是合理的问题共同的命运:主要的困难不是答案,而是问题。因此,真正的批判要分析的不是答案,而是问题。"① 据此,马克思做了这样一个比喻:时代问题正如一道代数方程式,只要题目出得非常精确周密就能解出来,每个问题只要已成为现实的问题,就能得到答案。②

历史本身就是用新问题来回答和解决老问题,所以问题是时代的格言,是公开的、无所顾忌的、支配一切个人的时代之声,是表现时代自己内心状态的最实际的呼声。马克思、恩格斯面对当时生活的时代,具有强烈的问题意识和问题导向。当时,资本主义生产方式在西欧已经开始大发展,资本主义生产方式极大提高劳动生产率的同时,经济危机也相伴而生,特别是1825年英国第一次爆发了全国性经济危机,1836年和1847年欧洲各主要资本主义国家相继都爆发了经济危机。每一次经济危机都对社会整体造成了巨大的破坏,资本主义社会正面临着向何处去、人类向何处去的时代问题。然而,当时占据主流地位的资产阶级思想家却无能为力,因为他们的研究都是围绕着"资本主义社会究竟如何运行为好",甚至无视尖锐的社会矛盾,无产阶级运动的兴起和发展变得格外艰难。这样的时代问题吸引着马克思和恩格斯,理论创新和工人运动召唤着马克思和恩格斯。他们直面

---

① 《马克思恩格斯全集》第1卷,人民出版社1995年版,第203页。
② 参见《马克思恩格斯全集》第1卷,人民出版社1995年版,第203页。

时代难题，创立了有别于资产阶级理论的马克思主义理论，马克思主义理论对现实问题的强烈关注——这种问题导向，是区别于一切其他理论的重要特质。

马克思和恩格斯着眼于人类社会发展中的现实问题，选择从实践出发。马克思在《关于费尔巴哈的提纲》中以全新的实践、批判性世界观去看待时代难题，提出："哲学家们只是用不同的方式解释世界，问题在于改变世界。"① 也就是说，我们不能停留在书斋中做纯粹解释世界的学问。马克思反对近代以来从抽象思辨和思想感觉出发的唯心主义问题式的形而上学的认识论传统，也反对只是从客体、感性直观和被动反映出发的旧唯物主义的认识论传统，而是将现实的世界和现实的个人作为全部理论和实践的出发点，直接服务于无产阶级和人民群众改造世界的实践活动，将改变世界和实现无产阶级解放、全人类解放和每个人自由而全面的发展作为根本目标。

由此可知，在马克思那里，真正的问题不是抽象的、孤立的、虚幻的纯粹理论，而是具体的、现实的个人的问题。马克思、恩格斯在《德意志意识形态》中这样诠释道："不是处在某种虚幻的离群索居和固定不变状态中的人，而是处在现实的、可以通过经验观察到的、在一定条件下进行的发展过程中的人。只要描绘出这个能动的生活过程，历史就不再像那些本身还是抽象的经验主义者所认为的那样，是

---

① 《马克思恩格斯文集》第1卷，人民出版社2009年版，第502页。

第三章 有的才能放矢——坚持目标导向和问题导向相结合

一些僵死的事实的汇集,也不再像唯心主义者所认为的那样,是想象的主体的想象活动。"①

马克思、恩格斯适应社会发展的需要,立足于现实的个人及其本质构建了唯物史观,在唯物史观视域下从现实物质生产出发探寻人的解放道路,深入广大劳动人民的生产活动之中。在生产关系里,生产资料所有制是最基本的,也是人们进行物质生产的前提,生产、分配、流通、消费的现实社会运转环节在很大程度上都是由这一前提所决定的。然而,生产资料私有制是造成整个资本主义社会产生劳动与资本矛盾对立的根本问题,由此他们对资本主义社会展开深刻的批判,主张"生产资料的集中和劳动的社会化,达到了同它们的资本主义外壳不能相容的地步。这个外壳就要炸毁了。资本主义私有制的丧钟就要响了。剥夺者就要被剥夺了"②。可见,只有通过社会革命的方式才能实现每个人自由而全面的发展。马克思直面资本主义社会的根本问题,提出通过社会变革的方式改变资本主义世界的现存问题,以及实现对未来人类社会的美好愿景。在恩格斯看来,前人认为已有答案的地方,马克思却认为只是问题所在。③ 这种问题导向,是马克思主义始终留给我们不断思考的重要方法论之一,时刻以回答时代所提出的重大与核心问题为使命。

---

① 《马克思恩格斯文集》第1卷,人民出版社2009年版,第525—526页。
② 《马克思恩格斯文集》第5卷,人民出版社2009年版,第874页。
③ 参见《马克思恩格斯文集》第6卷,人民出版社2009年版,第21页。

经济工作方法论

　　基于马克思对现实问题的深刻洞察,到19世纪末20世纪初,列宁敏锐地发现资本主义现实的新变化,揭示出资本主义由自由竞争发展到垄断资本主义,进一步走向帝国主义的时代特征。列宁认为,帝国主义是资本主义发展的最高阶段,挖掘了帝国主义国家经济政治发展不平衡的时代问题,并指出:"经济和政治发展的不平衡是资本主义的绝对规律。"[①]列宁围绕该问题,对垄断资本主义时代经济落后国家与无产阶级革命运动展开思考,提出了"一国胜利论",也就是"社会主义可能首先在少数甚至在单独一个资本主义国家内获得胜利。这个国家的获得胜利的无产阶级既然剥夺了资本家并在本国组织了社会主义生产,就会奋起同其余的资本主义世界抗衡,把其他国家的被压迫阶级吸引到自己方面来,在这些国家中发动反对资本家的起义,必要时甚至用武力去反对各剥削阶级及其国家"[②]。接着,列宁领导布尔什维克党为夺取政权和巩固苏维埃政权进行了艰苦的社会主义革命和争取民主的斗争,进一步探索无产阶级国家政权的问题,提出了一系列科学论断,成功指导俄国开辟了社会主义新道路。十月革命的胜利证明了列宁的思想是符合无产阶级革命实际的。正如列宁所言:"现在必须弄清一个不容置辩的真理,这就是马克思主义者必须考虑生动的实际生活,必须考虑现实的确切事实,而不应当抱住昨天的理

---

① 《列宁选集》第2卷,人民出版社2012年版,第554页。
② 《列宁选集》第2卷,人民出版社2012年版,第554页。

第三章　有的才能放矢——坚持目标导向和问题导向相结合

论不放。"①列宁追随马克思、恩格斯的脚步，始终坚持问题导向来解决时代问题。坚持问题导向贯穿于马克思主义发展史。

我们党领导人民干革命、搞建设、抓改革，从来都是为了解决中国的现实问题，而中国的现实问题从根本上来说就是经济发展问题。尤其是党的十八大以来，习近平总书记多次强调马克思主义政治经济学对于分析和研究中国经济社会发展中遇到的问题非常重要，他明确指出："我们政治经济学的根本只能是马克思主义政治经济学。"②我们只有学习马克思主义政治经济学，才能更好地指导我国经济发展实践，将其基本原理和方法论同我国经济发展实际相结合，才能形成新的理论。

近年来，我们能够看到中国特色社会主义政治经济学作为马克思主义政治经济学的代表，在新时代为全世界经济学理论发展提供了中国视角和中国思路。但我们仍要意识到中国特色社会主义政治经济学必须与中国经济现实紧密结合，要特别重视它与西方主流经济学传统的不同。

西方主流经济学主要是对发达资本主义国家典型经济发展经验的系统性总结，以其产业、技术、资本、制度等作为理论前提，很多基本假设基于西方世界典型事实的一般化，这与中国国情、基本制度和

---

① 《列宁选集》第3卷，人民出版社2012年版，第26页。
② 习近平：《不断开拓当代中国马克思主义政治经济学新境界》，《求是》2020年第16期。

发展阶段存在本质性差异。①

对此，坚持问题导向的中国特色社会主义政治经济方法是聚焦中国经济问题、实现中国经济理论创新、构建自主知识体系的根本所在，只有从中国共产党领导人民不断进行的经济实践出发，正确运用马克思主义政治经济学基本原理和方法论，才能开创具有中国特色、中国风格、中国气派的新经济学研究范式和体系。

纵观改革开放以来，在经济理论创新方面，我国也有了很多理论创新成果，比如社会主义初级阶段理论、社会主义市场经济理论、社会主义所有制理论、社会主义分配理论等。党的二十大报告明确总结为："我们坚持以马克思主义为指导，是要运用其科学的世界观和方法论解决中国的问题，而不是要背诵和重复其具体结论和词句，更不能把马克思主义当成一成不变的教条。我们必须坚持解放思想、实事求是、与时俱进、求真务实，一切从实际出发，着眼解决新时代改革开放和社会主义现代化建设的实际问题，不断回答中国之问、世界之问、人民之问、时代之问，作出符合中国实际和时代要求的正确回答，得出符合客观规律的科学认识，形成与时俱进的理论成果，更好指导中国实践。"②

中国共产党的百年奋斗实践证明，只有清楚认识世情、国情和党

---

① 参见林毅夫：《新中国70年和新结构经济学理论创新》，《经济研究》2019年第9期。
② 习近平：《高举中国特色社会主义伟大旗帜　为全面建设社会主义现代化国家而团结奋斗——在中国共产党第二十次全国代表大会上的报告》，人民出版社2022年版，第17—18页。

情，强化问题意识，认真研究解决重大而紧迫的问题，才能真正把握历史脉络和找到历史规律，用深邃的历史眼光、宽广的国际视野把握事物发展的内在本质与联系，不断回答时代和实践给我们提出的新的重大问题，让马克思主义放射出更加灿烂的真理光芒。

第二节
坚持目标导向和问题导向相结合的历史逻辑

回顾党史、新中国史、改革开放史、社会主义发展史、中华民族发展史，我们可以感受到：坚持问题导向是中国共产党人的优良传统，坚持目标导向是对我们党推进社会主义现代化建设成功经验的总结。中国共产党带领中国人民始终坚持目标导向和问题导向相结合，书写了经济快速发展和社会长期稳定两大奇迹新篇章，我国发展具备了更为坚实的物质基础、更为完善的制度保证，实现中华民族伟大复兴进入了不可逆转的历史进程。

一、坚持目标导向是对我们党推进社会主义现代化建设成功经验的总结

中国共产党从中国经济社会现实出发，建构起符合中国国情的社会主义现代化建设目标与实现模式。把我国建设成为社会主义现代化强国是几代中国共产党人不懈奋斗的目标，我们党在不同历史时期，

总是根据时代形势和条件变化、具体国情和发展水平变化，根据人民意愿和事业发展需要，制定顺应时代要求、符合客观实际、富有感召力的发展目标，团结带领人民为之奋斗。

我国社会主义现代化建设的奋斗目标经历了一个历史演进的过程。新中国成立后，奋斗目标在推进工业化建设的进程中不断深化为"四个现代化"的奋斗目标，逐步实现"小康社会""全面建设小康社会"的发展目标，丰富了"两个一百年"奋斗目标的内涵[①]；新时代提出了全面建设社会主义现代化国家和以中国式现代化全面推进中华民族伟大复兴的宏伟目标。我们可以真切感受到，坚持目标导向是对我们党推进社会主义现代化建设成功经验的总结。

（一）以毛泽东同志为主要代表的中国共产党人确立社会主义现代化建设目标

近代以来，无数仁人志士为拯救民族危亡奔走呐喊，但都未能改变中国半殖民地半封建社会的性质和人民的悲惨命运。十月革命一声炮响，给中国送来了马克思列宁主义，在中国人民和中华民族的伟大觉醒中，在马克思列宁主义同中国工人运动的紧密结合中，1921年中国共产党应运而生，从此中国革命的面貌焕然一新。1935年1月遵义会议确立了以毛泽东同志为核心的党的第一代中央领导集体，开启了党独立自主解决中国革命实际问题新阶段。经过28年的浴血奋战，

---

① 张金才：《新中国社会主义现代化建设奋斗目标的历史演进》，《党的文献》2019年第6期。

第三章 有的才能放矢——坚持目标导向和问题导向相结合

党领导人民取得了新民主主义革命的胜利，建立了中华人民共和国，实现了中国历史上最深刻、最伟大的社会变革。

1949年在党的七届二中全会上，毛泽东指出，要迅速地恢复和发展生产，使我国从农业国转变为工业国，把中国建设成为一个社会主义国家。进入社会主义革命和建设时期，中国共产党面临着实现从新民主主义到社会主义的转变，进行社会主义革命，推进社会主义建设，为实现中华民族伟大复兴奠定根本政治前提和制度基础。新中国成立后，国民经济经过三年恢复，毛泽东从当时中国一穷二白的基本国情出发，认为社会主义现代化首先是工业化，决定先从实现社会主义工业化着手。1953年，毛泽东正式提出了党在过渡时期的"一化三改"总路线，正式开启社会主义工业化建设。"一化"是逐步实现国家的社会主义工业化，"三改"是逐步实现国家对农业、手工业和资本主义工商业的社会主义改造。当时估计需要经过三个五年计划，就是15年左右的时间，以求达到在我国建成社会主义社会的目标。这个目标实际上是使生产资料的社会主义所有制成为国家和社会的唯一经济基础。1956年，随着社会主义改造提前完成，第一个五年计划旨在优先发展重工业也取得了成功，这为新中国的工业化发展奠定基础。

党的八大后，国家进入大规模社会主义建设时期。毛泽东在《论十大关系》中指出，重工业是我国建设的重点，但不容忽视农业和轻工业，要适当调整重工业和农业、轻工业的投资比例，农业和轻工业的比例要加重一点，它们发展上去了可以反哺重工业的发展更加稳定。之后，在《关于正确处理人民内部矛盾的问题》讲话中，毛泽东进一步提出了发展工业和农业并举的想法，这种工农业并进的工业化建设方案，符合当时中国经济发展的基本国情。然而，从1957年开始，中国工业化战略存在急于求成的特点，给新中国的工业化带来了一定的挫折，但这也促使中国共产党人从中吸取经验和教训，开始重新确立更加符合中国经济发展规律的社会主义工业化之路。

毛泽东提出："建设社会主义，原来要求是工业现代化，农业现代化，科学文化现代化，现在要加上国防现代化。"[①]1964年12月，周恩来在三届全国人大一次会议上作《政府工作报告》时，首次正式完整地提出了我们的目标是"四个现代化"——"要在不太长的历史时期内，把我国建设成为一个具有现代农业、现代工业、现代国防和现代科学技术的社会主义强国，赶上和超过世界先进水平。"[②]并且围绕"四个现代化"提出了"两步走"的战略设想，即："第一步，建立一个独立的比较完整的工业体系和国民经济体系；第二步，全面实现农业、工业、国防和科学技术的现代化，使我国经济走在世界的前列。"[③]同年，毛泽东在《把我国建设成为社会主义的现代化强国》中明确指出，我国不能走世界各国技术发展的老路，更不能跟在别人后

---

① 《毛泽东文集》第8卷，人民出版社1999年版，第116页。
② 《周恩来选集》下卷，人民出版社1984年版，第439页。
③ 《周恩来选集》下卷，人民出版社1984年版，第439页。

面爬行，我们必须打破常规，在一个不太长的时期内，把我国建设成为一个社会主义的现代化强国。1975年，周恩来在四届全国人大一次会议上所作的《政府工作报告》中，进一步对"四个现代化"的"两步走"设想作出具体化时间和战略安排。经过实施几个五年计划，我国建立起独立的比较完整的工业体系和国民经济体系，农业生产条件显著改变，教育、科学、文化、卫生、体育事业有了很大发展，"两弹一星"等国防尖端科技不断取得突破，国防工业从无到有逐步发展起来。

（二）以邓小平同志为主要代表的中国共产党人发展社会主义现代化建设目标

党的十一届三中全会以后，以邓小平同志为主要代表的中国共产党人深刻总结新中国成立以后我国社会主义现代化建设的历史经验，借鉴世界社会主义历史经验，深刻揭示了社会主义的本质，确立了社会主义初级阶段基本路线，遵循一切从实际出发，解放思想、实事求是的原则，作出把党和国家工作中心转移到经济建设上来，实行改革开放的历史性决策，明确提出走自己的路、建设中国特色社会主义，对实现"四个现代化"的发展步骤和标准内涵进行了调整，提出了"中国式的现代化"的命题和"小康社会"的具体目标，制定了到21世纪中叶分三步走、基本实现社会主义现代化的发展战略。

1979年3月，邓小平在会见以马尔科姆·麦克唐纳为团长的英

经济工作方法论

中文化协会执行委员会代表团时,首次提出了"中国式的现代化"命题,他指出:"我们定的目标是在本世纪末实现四个现代化。我们的概念与西方不同,我姑且用个新说法,叫做中国式的四个现代化。"① 他强调,30年来,在农业方面我国基本解决了吃饭问题,在工业方面却还比较落后,设备利用率很低,但靠我们自己的力量研发出原子弹、氢弹。

1979年10月,邓小平在中央召开的各省、市、自治区第一书记座谈会上指出,经济工作是当前最大的政治,政治工作要落实到经济上面,政治问题要从经济的角度来解决,我们开了个大口,本世纪末实现四个现代化,后来改了个口,叫"中国式的现代化",就是把标准放低一点。②

两个月后,邓小平会见日本时任首相大平正芳,在回答中国将来会是什么样的情况,整个现代化的蓝图是如何构思的问题时,邓小平首次提出"小康"的概念,而且进一步指出:"我们要实现的四个现代化,是中国式的四个现代化。我们的四个现代化的概念,不是像你们那样的现代化的概念,而是'小康之家'。"③ 这是将国家的现代化建设和人民生活水平提高紧密联系在一起,极大地调动了人民群众对参加社会主义现代化建设的积极性,也对我国社会主义现代化建设产

---

① 《邓小平年谱(1975—1997)》(上),中央文献出版社2004年版,第496页。
② 参见《邓小平年谱(1975—1997)》(上),中央文献出版社2004年版,第563页。
③ 《邓小平年谱(1975—1997)》(上),中央文献出版社2004年版,第582页。

生了深远影响。

1982年，党的十二大正式将在2000年实现小康作为中国共产党在20世纪最后十几年经济建设总的奋斗目标。1987年，邓小平在党的十三大上确定了"三步走"发展战略，简言之可总结为解决人民温饱问题、人民生活总体上达到小康水平、基本实现现代化三个步骤。由此，我国改革开放和社会主义现代化建设事业迅速发展。

（三）以江泽民同志为主要代表的中国共产党人丰富社会主义现代化建设目标

党的十四大确立了社会主义市场经济体制的改革目标，改革开放和社会主义现代化建设进入新的阶段。党的十四大以后，江泽民把握中国经济社会发展的总体情况，以社会全面发展和全面进步丰富了社会主义现代化目标，提出："不但经济建设要上去，人民的思想道德、科学文化素质和社会秩序、社会风气都要搞好。"[1] 党的十五大报告在党的纲领中明确提出"社会主义初级阶段"这一科学概念。这个阶段是把集中力量发展社会生产力摆在首要位置，逐步摆脱不发达状态，基本实现社会主义现代化的历史阶段。

2001年，在庆祝中国共产党成立80周年大会上的讲话中，江泽民总结80年来中国共产党的奋斗业绩和基本经验，再次强调社会主义社会是全面发展和全面进步的社会，指出我国仅用了半个多世纪时

---

[1] 《社会主义精神文明建设文献选编》，中央文献出版社1996年版，第429页。

间,就改变了旧中国一穷二白的落后面貌,建立起门类齐全的现代工业化体系,国内生产总值增长了56倍,经济实力、国防实力和科技实力明显增强,工业、农业、国防和科技领域的许多方面进入了世界先进行列,解决了12亿多人口的温饱问题,而且总体上达到小康水平。虽然当时我国社会主义现代化建设取得了巨大成就,但还处在社会主义初级阶段,人口多、底子薄、经济文化发展很不平衡,还没有从总体上解决生产力不发达的情况。社会主义现代化必须建立在发达的生产力基础上,为实现现代化,最根本的是通过改革和发展,不断解放和发展生产力,使我国形成发达的生产力。社会主义现代化事业必须物质文明和精神文明相辅相成、协调发展。在2002年党的十六大上,江泽民指出,我国胜利实现了现代化建设"三步走"战略的第一步、第二步目标,人民生活总体上达到小康水平,确立了要在本世纪头20年全面建设小康社会的目标。这是实现现代化建设第三步战略目标必经的承上启下的发展阶段,经过这个发展阶段到本世纪中叶基本实现现代化,把我国建成富强民主文明的社会主义国家。

(四)以胡锦涛同志为主要代表的中国共产党人深化社会主义现代化建设目标

2003年,在第十届全国人民代表大会第一次会议上,胡锦涛指出,我国发展正处在一个新的历史起点上,社会主义物质文明、政治文明、精神文明应协调发展,坚定不移朝着全面建设小康社会宏伟目标前进。2003年，我们党提出坚持全面发展、协调发展、可持续发展的发展观。党的十六届六中全会首次把和谐社会建设与经济建设、政治建设、文化建设并列。作为社会主义现代化建设的重要内容之一，它被纳入社会主义现代化建设的总目标中，从此我国社会主义现代化建设目标扩展为"富强民主文明和谐"四大定位。这是对"小康社会"的进一步深化，是对"全面建设小康社会"的丰富和发展，体现出我们党对马克思主义中国化理论认识的不断升华。在党的十七大报告中，胡锦涛提出，要把发展作为党执政兴国的第一要务，坚持以人为本、坚持全面协调可持续发展。强调发展，对于全面建设小康社会、加快推进社会主义现代化，具有决定性意义，确保到2020年实现全面建成小康社会的奋斗目标。这是对我国全面建设小康社会目标提出的新的更高要求，这一要求从战略上深化了社会主义现代化建设目标。

（五）以习近平同志为核心的党中央创新社会主义现代化建设目标

党的十八大以来，中国特色社会主义进入新时代，我国社会主义现代化建设目标实现了三大重要创新：第一是创新社会主义现代化建设目标为"富强民主文明和谐美丽"；第二是创新社会主义现代化国家定位目标为"全面建成社会主义现代化强国"；第三是全面创新社会主义现代化方式目标为"中国式现代化"，而且以中国式现代化全面推进中华民族伟大复兴。

经济工作方法论

在党的十九大报告中，习近平总书记指出，解决人民温饱问题、人民生活总体上达到小康水平这两个目标已经提前实现，到2020年是全面建成小康社会决胜期，到新中国成立100年时，基本实现现代化，把我国建成社会主义现代化国家。习近平总书记在综合分析国际国内形势和我国经济社会发展条件基础上，作出了从2020年到本世纪中叶分两个阶段的战略安排：第一个阶段是从2020年到2035年，在全面建成小康社会的基础上，基本实现社会主义现代化；第二个阶段是从2035年到本世纪中叶，在基本实现现代化的基础上，把我国建成富强民主文明和谐美丽的社会主义现代化强国。那时，物质文明、政治文明、精神文明、社会文明、生态文明将全面提升，实现国家治理体系和治理能力现代化，成为综合国力和国际影响力领先的国家，全体人民共同富裕基本实现，我国人民将享有更加幸福安康的生活，中华民族将以更加昂扬的姿态屹立于世界民族之林。可以看到从全面建成小康社会到基本实现现代化，再到全面建设社会主义现代化国家，是党中央创新社会主义现代化建设目标的战略布局。

2021年，在中国共产党成立100周年之际，习近平总书记明确指出，"我们实现了第一个百年奋斗目标，在中华大地上全面建成了小康社会，历史性地解决了绝对贫困问题，正在意气风发向着全面建成社会主义现代化强国的第二个百年奋斗目标迈进"[①]。从党的十九大到

---

① 习近平：《在庆祝中国共产党成立100周年大会上的讲话》，人民出版社2021年版，第2页。

第三章　有的才能放矢——坚持目标导向和问题导向相结合

二十大,是我国"两个一百年"奋斗目标的历史交汇期,党的二十大是在全党全国各族人民迈上全面建设社会主义现代化国家新征程、向第二个百年奋斗目标进军的关键时刻召开的一次十分重要的大会。党的二十大的重要主旨之一就是全面建设社会主义现代化国家、全面推进中华民族伟大复兴,并且是以中国式现代化全面推进中华民族伟大复兴。在党的二十大上,习近平总书记强调:"在新中国成立特别是改革开放以来长期探索和实践基础上,经过十八大以来在理论和实践上的创新突破,我们党成功推进和拓展了中国式现代化。"[①]

中国式现代化是与西方资本主义现代化不同的一种新型现代化,有各国现代化的共性,更要依据中国国情特色,是马克思主义基本原理同中国国情、中国传统文化相结合的重要成果。基于中国国情和现状,中国式现代化是走和平发展道路,其突出特点是有14亿多人口,人口规模庞大,远超现有发达国家人口的总和,追求物质文明和精神问题的双重协调、人与自然和谐共生、全体人民共同富裕,其艰难程度和复杂性前所未有。中国式现代化的本质要求是:坚持中国共产党领导,坚持中国特色社会主义,实现高质量发展,发展全过程人民民主,丰富人民精神世界,实现全体人民共同富裕,促进人与自然和谐共生,推动构建人类命运共同体,创造人类文明新形态。

总之,全面建设社会主义现代化国家、走出一条中国式现代化之

[①] 习近平:《高举中国特色社会主义伟大旗帜　为全面建设社会主义现代化国家而团结奋斗——在中国共产党第二十次全国代表大会上的报告》,人民出版社2022年版,第22页。

路，将全体人民共同富裕贯穿于中国式现代化全过程①，是一项伟大而艰巨的事业，前途光明，任重而道远。

二、坚持问题导向是中国共产党人的优良传统

为什么我们党在那么弱小的情况下能够逐步发展壮大起来，在腥风血雨中能够一次次绝境逢生，在攻坚克难中能够不断从胜利走向胜利？一个重要原因是坚持了马克思主义科学的世界观和方法论。世界观和方法论是划时代的、具有重要意义的，马克思、恩格斯告诉我们要勇于发现问题、正视问题。同样，坚持问题导向是中国共产党人的优良传统。

1840年鸦片战争以后，由于西方列强入侵和清朝腐朽的封建统治，中国逐渐沦为半殖民地半封建社会，国家蒙辱、人民蒙难、文明蒙尘，中华民族遭受了前所未有的劫难。太平天国运动、洋务运动、戊戌变法、义和团运动等救国运动接连而起。为了拯救民族危亡，各种救国图存的方案轮番出现，但都以失败而告终。孙中山先生领导的辛亥革命推翻了统治中国几千年的君主专制制度，但未能改变中国半殖民地半封建的社会性质和中国人民的悲惨命运。中国迫切需要新的思想引领和解决"中国向何处去"的时代问题，这一时代问题被具体化为救亡图存的根本现实问题。

十月革命一声炮响，给中国送来了马克思列宁主义，五四运动促进

---

① 参见王立胜：《共同富裕：看见未来中国的模样》，中国财政经济出版社2022年版，第15—18页。

了马克思主义在中国的传播，1921年7月中国共产党应运而生，在马克思列宁主义同中国工人运动的紧密结合中，以毛泽东同志为主要代表的中国共产党人具有强烈的问题意识和问题导向。面对错综复杂的中国革命问题，毛泽东善于抓住主要矛盾，深刻认识到近代中国社会主要矛盾问题——帝国主义和中华民族的矛盾、封建主义和人民大众的矛盾。

在革命斗争中，毛泽东围绕中国社会的不同性质问题采取具体问题具体分析的方法，充分把握马克思主义的理论精髓，他强调："我们的同志必须明白，我们学马克思列宁主义不是为着好看，也不是因为它有什么神秘，只是因为它是领导无产阶级革命事业走向胜利的科学。"①

毛泽东认识到马克思主义是中国共产党人解决问题的制胜法宝，马克思列宁主义和中国革命的关系，就是箭和靶的关系，必须用马克思列宁主义之箭去射中国革命之靶。在革命关键时期，他把马克思列宁主义基本原理同中国具体实际相结合，对中国社会的性质、阶级结构与中国革命的性质、力量、道路等一系列问题进行追问和探索，有针对性地解决了当时中国的现实问题。

毛泽东对中国革命经过艰苦探索、付出巨大牺牲积累的一系列独创性经验作出了理论概括，包括开辟了农村包围城市、武装夺取政权的正确道路，逐步创立了毛泽东思想，为新民主主义革命胜利指明了正确方向。

---

① 《毛泽东选集》第3卷，人民出版社1991年版，第820页。

经济工作方法论

经过28年的浴血奋战，1949年新中国成立，中国共产党团结带领中国人民彻底结束了旧中国半殖民地半封建社会的历史，彻底结束了极少数剥削者统治广大劳动人民的历史，彻底结束了旧中国一盘散沙的局面，彻底废除了列强强加给中国的不平等条约和帝国主义在中国的一切特权。

新中国成立后，中国共产党在社会主义革命和建设时期，面临着如何实现从新民主主义到社会主义转变的关键性问题，毛泽东提出把马克思列宁主义基本原理同中国具体实际进行"第二次结合"。这是马克思主义在中国的具体化，但如何使其在每一表现中都必须带有中国的特性，按照中国社会发展的特点去应用马克思主义，成为全党亟待了解和解决的问题。结合中国社会新的实际，以毛泽东同志为主要代表的中国共产党人提出了关于社会主义建设的一系列重要思想，丰富和发展了毛泽东思想，主要方针包括：社会主义社会是一个很长的历史阶段，严格区分和正确处理敌我矛盾和人民内部矛盾，正确处理我国社会主义建设的十大关系，走出一条适合我国国情的工业化道路，尊重价值规律，在党与民主党派的关系上实行"长期共存、互相监督"的方针，在科学文化工作中实行"百家齐放、百家争鸣"的方针等。毛泽东思想是马克思列宁主义在中国问题上的创造性的应用与发展，也是被实践证明了的关于中国革命和建设的正确的理论原则和经验总结，是马克思主义中国化的第一次历史性飞跃。

改革开放以来，中国共产党面临在改革开放和社会主义现代化建

第三章 有的才能放矢——坚持目标导向和问题导向相结合

设新时期"如何继续探索中国建设社会主义的正确道路""如何更好地解放和发展生产力,使人民摆脱贫困、尽快富裕起来"等时代问题。党的十一届三中全会以后,以邓小平同志为主要代表的中国共产党人,围绕什么是社会主义、怎样建设社会主义这一根本问题,继承和发扬了从实际问题出发、以问题为导向的优良传统和工作作风,借鉴世界社会主义历史经验,创立了邓小平理论,解放思想,实事求是,作出把党和国家工作中心转移到经济建设上来、实行改革开放的历史性决策,深刻揭示社会主义本质,确立社会主义初级阶段基本路线,明确提出走自己的路、建设中国特色社会主义、科学回答了建设中国特色社会主义的一系列基本问题,制定了到21世纪中叶分三步走、基本实现社会主义现代化的发展战略,成功开创了中国特色社会主义。随着国家经济的发展,邓小平已经意识到当时12亿人口怎样实现富裕,富裕起来以后财富怎样分配,这都是大问题,由此他指出:"现在看,发展起来以后的问题不比不发展时少。"[①] 面对纷繁复杂的发展问题,要不断研究新情况、解决新问题、寻找新办法、制定新制度,用发展的方法解决问题,在解决问题中推进新发展。

党的十三届四中全会以后,以江泽民同志为主要代表的中国共产党人,团结带领全党全国各族人民,坚持党的基本理论、基本路线,加深了对什么是社会主义、怎样建设社会主义和建设什么样的党、怎

---

① 《邓小平年谱(1975—1997)》(下),中央文献出版社2004年版,第1364页。

样建设党的认识，形成了"三个代表"重要思想，在国内外形势十分复杂、世界社会主义出现严重曲折的严峻考验面前捍卫了中国特色社会主义，确立了社会主义市场经济体制的改革目标和基本框架，确立了社会主义初级阶段公有制为主体、多种所有制经济共同发展的基本经济制度和按劳分配为主体、多种分配方式并存的分配制度，开创全面改革开放新局面，推进党的建设新的伟大工程，成功把中国特色社会主义推向21世纪。

党的十六大以后，以胡锦涛同志为主要代表的中国共产党人，深刻认识和回答了新形势下实现什么样的发展、怎样发展等重大问题。胡锦涛重视抓住和解决牵动全局的主要工作、事关长远的重大问题、关系民生的紧迫任务，尤其强调："群众利益无小事。和谐社会建设，要从解决人民群众最关心、最直接、最现实的利益问题入手，为群众多办好事、实事。"[①]围绕当时日益突出的社会发展问题，以胡锦涛同志为主要代表的中国共产党人抓住重要战略机遇期，聚精会神搞建设，一心一意谋发展，强调坚持以人为本、全面协调可持续发展，着力保障和改善民生，促进社会公平正义，推进党的执政能力建设和先进性建设，成功在新形势下坚持和发展了中国特色社会主义。

长期以来，中国共产党人坚持将马克思主义基本原理同中国具体实际相结合，支持开展真理标准问题的大讨论，从新的实践和时代特

---

① 胡锦涛：《论构建社会主义和谐社会》，中央文献出版社2013年版，第79页。

第三章 有的才能放矢——坚持目标导向和问题导向相结合

征出发坚持和发展马克思主义理论的精髓要义，善于发现问题，敢于直面问题，冷静分析问题，科学解决问题，科学回答了建设中国特色社会主义的发展道路、发展阶段、根本任务、发展动力、发展战略、政治保证、祖国统一、外交和国际战略、领导力量和依靠力量等一系列基本问题，从问题中找办法、寻先机、求突破，逐步形成中国特色社会主义理论体系，在解决问题中推动了马克思主义在中国的灵活运用和创新发展，实现了人民生活从温饱不足到总体小康、奔向全面小康的历史性跨越，推进了中华民族实现了从站起来、富起来到强起来的伟大飞跃，实现了马克思主义中国化新的历史高度。

"问题倒逼"是不断进行理论创新的助推器，问题是时代的声音，是人民的呼声，是实践过程中不断涌现的新矛盾。从理论发展史来看，理论创新始于问题，世界上伟大的理论成果都是在回答和解决人与社会面临的重大问题中创造出来的。坚持问题导向、解答时代问题是其形成和发展的内在动力和重要密码。[①]党的十八大以来，我们党正是在长期坚持问题导向、解决人民群众关心的紧迫问题上取得了一系列伟大成就，从理论和实践双重视域中系统回答了新时代坚持和发展什么样的中国特色社会主义、怎样坚持和发展中国特色社会主义、建设什么样的社会主义现代化强国、怎样建设长期执政的马克思主义政党等重大时代难题，系统化提出一系列原创性的治国理政新理念新思

---

① 参见王立胜：《问题意识及问题导向的科学逻辑》，《人民论坛》2022年第18期。

路新方法新战略，走出了一条全新的中国式现代化之路，推动马克思主义中国化实现新的飞跃。

习近平新时代中国特色社会主义思想回答了实践和时代提出的新问题。问题是创新的起点，也是创新的动力源，理论创新实际上是要继承发展和守正创新，但也要对具体问题进行具体分析，这是因为问题具有普遍性和特殊性。那么理论创新为什么要继承发展和守正创新呢？问题是随着实践的发展而不断更新的，实践的连续性决定着问题的连续性。新时代中国正经历着我国历史上最为广泛和深刻的社会变革，也正在进行人类历史上最为宏大而独特的实践创新，社会大变革的时代，一定是理论大发展的时代。正是因为每个时代面临的不同问题背后都有共性，处理共性问题时要汲取前人的智慧，这就是继承，也是掌握问题和理论演变规律的方法。虽然新时代我们所处的历史环境和时代问题发生了新的变化，但是必须认识到实现中华民族伟大复兴的历史目标始终没有变，我国仍处于并将长期处于社会主义初级阶段的基本国情没有变，这些共性问题就是理论继承发展和守正创新的现实要求。

同时，我们也要看到每个时代都有不同的时代问题，这种问题的特殊性要求具体问题具体分析，针对问题的变化调整理论的创新，以此才能更好地指导经济社会实践。在纪念马克思诞辰200周年大会上，习近平总书记重申："马克思一再告诫人们，马克思主义理论不是教条，而是行动指南，必须随着实践的变化而发展。一部马克思主义发展史就是马克思、恩格斯以及他们的后继者们不断根据时代、实践、认识发展而发展的历史，是不断吸收人类历史上一切优秀思想文化成果丰富自己的历史。"① 尤其是近年来，面对我国贫困问题和新冠疫情带来的各种风险问题，习近平总书记通过深入贫困地区开展实地调查研究，提出了精准扶贫、精准脱贫的一系列举措；针对突如其来的新冠疫情，习近平总书记第一时间作出重要指示，正视问题，坚持人民至上、生命至上，在做好疫情防控的同时，也积极向全世界提供医疗物资、医疗团队和有效经验等，为全球抗疫事业贡献了中国力量。总之，坚持具体问题具体分析的问题导向，围绕新时代中国经济社会发展所面临的各种问题进行科学布局、精准施策，具有很强的现实针对性，为回答中国之问、世界之问、人民之问和时代之问提供了强有力的理论依据和实践经验。

第三节
坚持目标导向和问题导向相结合的实践逻辑

思想方法的运用既要坚持基本的理论原则，又要遵循一定的实践逻辑。纵观党的十八大召开至今十年来，党中央都是在围绕国家整体发展和人民生活等急难愁盼的关键问题上下功夫，在治国理政中坚持

---

① 习近平：《在纪念马克思诞辰200周年大会上的讲话》，人民出版社2018年版，第9页。

目标导向和问题导向相结合，运用辩证思维方法来认识世界和改造世界。在具体工作中，辩证思维不断具体化为目标导向和问题导向，以问题意识为导向展开调查研究、统筹谋划等，将问题导向作为运用辩证思维认识世界的出发点，突出"两点论"和"重点论"的有机统一。

一、直面社会主要矛盾，坚持"两点论"和"重点论"的有机统一

中国共产党的初心和使命，就是为中国人民谋幸福、为中华民族谋复兴，永远把人民对美好生活的向往作为奋斗目标，始终坚持以人民为中心的价值旨归和坚持共同富裕的目标导向。马克思告诉我们，人民群众是历史的创造者，"无论历史的结局如何，人们总是通过每一个人追求他自己的、自觉预期的目的来创造他们的历史，而这许多按不同方向活动的愿望及其对外部世界的各种各样作用的合力，就是历史"[①]。以人民为中心的目标导向始终是中国共产党研究和解决时代问题的根本出发点和落脚点。问题只有在人的实践中才能被发现，又在人的深入实践中才能被解决。中国特色社会主义进入新时代，我国社会主要矛盾已经转化为人民日益增长的美好生活需要和不平衡不充分的发展之间的矛盾。我们党的奋斗目标始终围绕着我国社会主要矛

---

① 《马克思恩格斯全集》第 28 卷，人民出版社 2018 年版，第 356—357 页。

盾，有效应对我国社会主要矛盾才能实现奋斗目标。

根据历史唯物主义和辩证唯物主义基本原理，社会主要矛盾源于社会基本矛盾，对社会经济发展过程起主导作用。主要矛盾是矛盾体系中处于支配地位、对事物发展起决定性作用的矛盾。将把握主要矛盾和次要矛盾，抓住矛盾的主要方面和次要方面的辩证关系运用到解决社会主要矛盾的实际工作中，就是要坚持"两点论"和"重点论"的有机统一。"两点论"主要是在分析事物的矛盾时，不仅要看到矛盾双方的对立，而且要看到它们的统一；不仅要认识到矛盾体系中存在的主要矛盾和矛盾的主要方面，而且要关注次要矛盾和矛盾的次要方面。"重点论"主要是着重把握主要矛盾和矛盾的主要方面，以此作为解决问题的出发点和落脚点。所以，"两点论"与"重点论"的有机统一就是要在解决问题中全面布局且把握主流发展趋势。社会主要矛盾不是始终不变的，而是会在一定条件下发生转化，根据社会经济发展程度，融合政治、文化、社会等多种因素的影响，原有的社会主要矛盾会朝着两个方面转化：要么社会主要矛盾双方的内容发生一定的转化，要么矛盾地位发生变化，原来的主要矛盾转化为次要矛盾，而原来的次要矛盾则上升为占据支配地位的主要矛盾，由此会影响社会整体发展由原初一个阶段走向一个新的阶段。基于此，为了实现人民对美好生活向往的奋斗目标，坚持共同富裕的目标导向，我们需要厘清我国社会主要矛盾经历的几次重大变化，尤其是新中国成立后经济社会发展不同时期社会主义矛盾的差异，才能有效回应人民群众诉求和期盼。

我国社会主要矛盾的演进过程充分体现了一代代中国共产党人坚持全面规划和突出重点相协调,抓好顶层设计和任务落实,把发展需要和现实能力相统筹,有所为有所不为,提出切合实际的发展方向、目标、工作重点。毛泽东曾经分析我国半殖民地半封建社会时期的社会主要矛盾,大约发生了三次变化。一是当帝国主义发动对中国的侵略战争,危及中华民族生死存亡之时,中华民族与帝国主义的民族矛盾成为主要矛盾。二是我国国内阶级矛盾转化为主要矛盾,1948年,毛泽东在中共中央政治局会议上指出:"现在点明一句话,资产阶级民主革命完成之后,中国内部的主要矛盾就是无产阶级和资产阶级之间的矛盾,外部就是同帝国主义的矛盾。"① 三是当国内革命形势的发展从根本上威胁到帝国主义和国内反动势力的统治时,二者就完全与人民群众为敌,共同成为主要矛盾的一方面,西安事变前后中国社会主要矛盾由阶级矛盾(国共两党之间)上升为民族矛盾(中日两国之间)。

新中国成立,标志着新民主主义革命的胜利,我国进入向社会主义过渡的历史时期。过渡时期我国社会主要矛盾对内是无产阶级和资产阶级之间的矛盾,对外是中华民族和帝国主义之间的矛盾。1956年我国基本完成社会主义改造,走上社会主义道路,阶级矛盾已不再是

---

① 《毛泽东文集》第5卷,人民出版社1996年版,第145—146页。

我国社会主要矛盾，重点转向了经济建设。党的八大指出："我们国内的主要矛盾，已经是人民对于建立先进的工业国的要求同落后的农业国的现实之间的矛盾，已经是人民对于经济文化迅速发展的需要同当前经济文化不能满足人民需要的状况之间的矛盾。这一矛盾的实质，在我国社会主义制度已经建立的情况下，也就是先进的社会主义制度同落后的社会生产力之间的矛盾。党和全国人民的当前的主要任务，就是要集中力量来解决这个矛盾，把我国尽快地从落后的农业国变为先进的工业国。"[①] 根据当时我国社会主要矛盾，需要集中力量大力发展生产力。但由于阶级斗争的扩大化和"文化大革命"的发生，经济建设一度陷入停滞状况，给党和国家造成了一定的损失。

党的十一届三中全会把党和国家工作中心转移到社会主义现代化建设上来，大力发展经济。党的十一届六中全会提出我国社会主要矛盾是"在社会主义改造基本完成以后，我国所要解决的主要矛盾，是人民日益增长的物质文化需要同落后的社会生产之间的矛盾"[②]。党的十二大确认了这一提法，由此，开始确立社会主义初级阶段理论。1992年党的十四大报告明确指出："现阶段我国社会的主要矛盾是人民日益增长的物质文化需要同落后的社会生产之间的矛盾，必须把发展生产力摆在首要位置，以经济建设为中心，推动社会全面

---

① 《建国以来重要文献选编》第9册，中央文献出版社1994年版，第341—342页。
② 《改革开放三十年重要文献选编》（上），中央文献出版社2008年版，第212页。

进步。"①1997年党的十五大对我国社会主要矛盾进行了完整严谨的表达，把其历史地位、历史时期和范围进行了全新的概括，首次明确指出我国社会主要矛盾贯穿社会主义初级阶段整个历史进程。党的十七大和十八大指出我国国情出现了阶段化特点，但是基本国情没有改变，更没有改变社会主要矛盾。

中国特色社会主义进入新时代，我们党在把握社会主义初级阶段基本国情的前提下，认识到我国社会主要矛盾正发生着变化。面对我国经济社会发展发生的翻天覆地的变化，坚持长期目标和短期目标相贯通，对实现既定目标制定明确的时间表、路线图，稳扎稳打，分步推进；既从既定目标倒推，厘清到时间节点必须完成的任务，又从迫切需要解决的问题顺推，将长远目标和近期目标统筹起来考虑，明确破解难题的途径和方法。由此，习近平总书记在党的十九大报告中对我国社会主要矛盾作出了全新的概括——"我国社会主要矛盾已经转化为人民日益增长的美好生活需要和不平衡不充分的发展之间的矛盾"②。可以看出，伴随着我国社会生产力总体水平的提高，我国人民美好生活需要越来越广泛，对物质生活、精神生活、文化生活、社会生活等多方面的要求都日益提高，经济实力跻身世界前列的同时，更加突出的问题在于发展不平衡不充分。

---

① 《江泽民文选》第1卷，人民出版社2006年版，第219页。
② 习近平：《决胜全面建成小康社会 夺取新时代中国特色社会主义伟大胜利——在中国共产党第十九次全国代表大会上的报告》，人民出版社2017年版，第11页。

从短期目标出发，这一新主要矛盾的形成和发展，是中国特色社会主义进入新时代的重要标志和发展依据。从长远目标而言，这一新主要矛盾集中体现了我国在第二个百年奋斗征程中所面临的诸多矛盾和问题。抓住这一新主要矛盾，我们就找到了正确理解和把握新时代中国和应对百年未有之大变局的中国"钥匙"，在继续推进我国经济社会发展基础上，着力解决不平衡不充分问题，大力提升经济发展质量和效益，以满足人民对美好生活的向往，为全球推动人的全面发展贡献中国方案和中国智慧，中华民族伟大复兴的宏伟目标就一定能够实现。

二、坚持问题导向是运用辩证思维认识世界的出发点

世界上的万事万物都处在普遍联系和矛盾运动当中，没有矛盾就没有联系，而没有解决的矛盾就是问题。恩格斯指出："当我们通过思维来考察自然界或人类历史或我们自己的精神活动的时候，首先呈现在我们眼前的，是一幅由种种联系和相互作用无穷无尽地交织起来的画面，其中没有任何东西是不动的和不变的，而是一切都在运动、变化、生成和消逝。"[①] 同样，马克思也高度重视以问题意识、问题导向来把握时代的命脉。新时代，中国在经济发展实践中如何看待无处不在的问题？如何认识问题的本质？如何区分问题的不同性质、层

---

① 《马克思恩格斯文集》第9卷，人民出版社2009年版，第23页。

次、类型和阶段等？如何找到解决问题的科学方法论？如何良性解决问题？这就要求我国在全面深化改革过程中，不断发现问题，要跟着问题走、奔着问题去，善于分析问题、解决问题，把解决实际问题作为打开工作局面的突破口。

党的十八大以来，以习近平同志为核心的党中央始终强调坚持问题导向，在治国理政、统揽全局和执政风格上，具有鲜明的问题意识。在党的二十大报告中，习近平总书记在充分肯定党和国家事业取得举世瞩目成就的同时，强调必须清醒地认识到我们的工作还面临不少困难和问题："发展不平衡不充分问题仍然突出，推进高质量发展还有许多卡点瓶颈，科技创新能力还不强；确保粮食、能源、产业链供应链可靠安全和防范金融风险还须解决许多重大问题；重点领域改革还有不少硬骨头要啃；意识形态领域存在不少挑战；城乡区域发展和收入分配差距仍然较大；群众在就业、教育、医疗、托育、养老、住房等方面面临不少难题；生态环境保护任务依然艰巨；一些党员、干部缺乏担当精神，斗争本领不强，实干精神不足，形式主义、官僚主义现象仍较突出；铲除腐败滋生土壤任务依然艰巨，等等。"[1] 习近平总书记思考和关注的这些问题，是聚焦实践遇到的新问题，是改革发展稳定存在的深层次问题，是人民群众急难愁盼问题，是国际变局中的重大问题，是党的建设面临的突出问题，关乎中国发展命运。

---

[1] 习近平：《高举中国特色社会主义伟大旗帜　为全面建设社会主义现代化国家而团结奋斗——在中国共产党第二十次全国代表大会上的报告》，人民出版社2022年版，第14页。

第三章 有的才能放矢——坚持目标导向和问题导向相结合

习近平总书记在确定指导方略时始终要求："坚持问题导向，聚焦我国发展面临的突出矛盾和问题。"① 坚持问题导向是新时代党中央治国理政的重要法宝，这给理论创新和实践创新的良性互动提出了全新要求，在改革开放和现代化建设事业中要以提出问题、发现问题为理论和实践的逻辑起点，在此基础上运用辩证思维分析和研究问题，找到解决问题的有效方案。

在坚持问题导向的逻辑演进中，首要环节是善于发现问题和提出问题，这可谓是新时代党中央统筹发展布局的逻辑起点。问题就是矛盾，矛盾无处不在，问题层出不穷，正如毛泽东所指出的："什么叫问题？问题就是事物的矛盾。哪里有没有解决的矛盾，哪里就有问题。既有问题，你总得赞成一方面，反对另一方面，你就得把问题提出来。提出问题，首先就要对于问题即矛盾的两个基本方面加以大略的调查和研究，才能懂得矛盾的性质是什么，这就是发现问题的过程。"②

在坚持问题导向的逻辑演进中，第二个环节是要深入分析问题和研究问题，把问题作为研究制定方针政策的起点。从问题最集中的地方和最突出的问题入手，及时研究重大战略问题，及早部署关系全局、事关长远的问题，这是中国共产党人治国理政的内在要求。习近平总书记强调要增强问题意识、坚持问题导向，就是承认矛盾的普遍

---

① 《习近平谈治国理政》第3卷，外文出版社2020年版，第189页。
② 《毛泽东选集》第3卷，人民出版社1991年版，第839页。

性、客观性，就是要善于把认识和化解矛盾作为打开工作局面的突破口。矛盾的普遍性和客观性辩证关系的基本原理正是马克思主义基本原理同各国实际相结合的哲学基础，正确理解矛盾学说才能真正掌握唯物辩证法，这既是客观事物固有的辩证法，也是科学的认识方法。

在马克思主义世界观和方法论中，唯物辩证法是其核心内容，这为人们认识世界和改造世界提供了根本方法。

我们的经济工作从来都是要客观地而不是主观地、联系地而不是孤立地、发展地而不是静止地、全面地而不是片面地、系统地而不是零散地观察事物，把握事物的本质和发展规律，创新分析经济问题和研究经济问题的方法与路径。以问题为导向，正确分析矛盾就是要在矛盾对立中把握统一，在统一中把握对立，克服极端化和片面化，善于运用唯物辩证法谋划整体发展，在综合运用中体现对立统一和相辅相成的辩证思维方式。

党的十八大以来，我们党坚持一切从实际出发与解放思想、实事求是相统一，顶层设计与摸石过河相统一，一般号召与分类指导相统一，全面推进与重点把握相统一，制定和实施了一系列正确的方针和政策，不断推进我国经济社会发展迈向新台阶。我们实现了第一个百年奋斗目标，迈上实现第二个百年奋斗目标新征程，朝着实现中华民族伟大复兴的宏伟目标继续前进，这集中体现了马克思主义唯物辩证法的中国化和时代化威力，正如习近平总书记所言："学习掌握唯物辩证法的根本方法，不断增强辩证思维能力，提高驾驭复杂局面、处理复杂问题的本领。……我们的事业越是向纵深发展，就越要不断增强辩证思维能力。"①

在坚持问题导向的逻辑演进中，第三个环节是要长于解决问题、破解难题，这是中国共产党人治国理政的目标旨归。马克思曾指出："哲学家们只是用不同的方式解释世界，问题在于改变世界。"通过解释世界来改变世界，就是告诉我们要在善于发现和分析问题基础上化解矛盾。坚持问题导向最根本的是抓住关键性问题求解，在认识世界和改造世界的过程中，旧问题得以解决，新的问题又会产生，循环往复需要不断改革创新，改革不可能一蹴而就，也不会一劳永逸，一代代中国共产党人带领中国人民在革命、建设和改革过程中，从来都是为了解决中国的现实问题，把解决中国的重大现实问题作为根本的目标旨归。改革开放取得的成就"不是天上掉下来的，更不是别人恩赐施舍的，而是全党全国各族人民用勤劳、智慧、勇气干出来的"②！正因为如此，党的十八大以来，我们党解决了许多长期想解决而没有解决的难题，办成了许多过去想办而没有办成的大事，推动党和国家事业取得历史性成就、发生历史性变革。

三、在新阶段实现新发展

我国全面建成小康社会、实现第一个百年奋斗目标之后，要乘势

---

① 习近平：《辩证唯物主义是中国共产党人的世界观和方法论》，《求是》2019年第1期。
② 习近平：《在庆祝改革开放40周年大会上的讲话》，人民出版社2018年版，第19页。

而上开启全面建设社会主义现代化国家新征程、向第二个百年奋斗目标进军，这标志着我国进入了一个新发展阶段。新发展阶段是我国经济发展新的历史方位，全面建设社会主义现代化国家这个新发展阶段，既是社会主义初级阶段中的一个重要阶段，也是我国社会主义从初级阶段向更高阶段迈进的阶段。这意味着新发展阶段之后的阶段是社会主义初级阶段后的更高级别的阶段，新发展阶段就是促成我国社会主义由初级阶段向更高级别的阶段迈进的质的飞跃的阶段。[1] 立足新发展阶段，我们在经济结构优化升级、科技创新能力、深化改革开放、绿色发展、参与全球经济治理体系变革等五个方面面临新的发展机遇。

发展是解决我国一切问题的基础和关键，实现什么样的发展、怎样实现发展成为重大问题，然而发展理念是发展行动的先导，是管全局、管根本、管方向、管长远的思路和着力点，解决发展问题就要贯彻创新、协调、绿色、开放、共享的新发展理念。新发展理念的每个方面都是为了直面发展中存在的问题才提出的。新发展理念是党的十八大以来，我们党对经济形势、经济社会发展进行科学研判后提出的最重要、最主要的理论和理念，是基于我国经济社会发展和国情状况总结出的发展理念，更是关于我国经济发展的指导原则，其中蕴含

---

[1] 参见王立胜等：《读懂新发展阶段》，中国民主法制出版社2022年版，第11—14页。

丰富的辩证思维。①

新发展理念是具有内在关联性的集合体，相互贯通、相互促进，创新是引领发展的第一动力，协调是持续健康发展的内在要求，绿色是永续发展的必要条件和人民对美好生活追求的重要体现，开放是国家繁荣发展的必由之路，共享是中国特色社会主义的本质要求。新发展理念丰富和发展了中国特色社会主义政治经济学，这是马克思主义政治经济学基本原理与新时代经济实践相结合的有效典范，也是中国共产党社会发展实践的理论升华②，亦是中国百年发展实践经验的总结，传承中国共产党的发展理念，坚持以人民为中心的发展思想，进一步科学回答了实现什么样的发展、怎样实现发展的重大问题，有力指导了我国经济未来新的发展实践之路，开拓了中国特色社会主义政治经济学新境界。

在践行新发展理念过程中，要注重新发展理念具有整体性，无论是中央层面还是部门、地区层面，在贯彻落实中都要完整把握、准确理解和全面落实，党中央从规划设计、宏观指导、政策法律、财政投入、工作安排等宏观层面作了指导，各部门和各地区既要按照自身职责和条件抓好新发展理念涉及的重点工作，也要综合考虑具体工作对全国全党贯彻新发展理念的作用和影响，在全面贯彻新发展理念的同

---

① 参见郝立新主编：《辩证思维：新时代共产党人的基本功》，人民出版社2021年版，第154—159页。
② 参见王立胜等：《新发展理念》，中共中央党校出版社2021年版，第3—29页。

时抓住短板弱项重点推进，遵循经济社会发展规律，不能脱离实际硬干，更不能单打一，只管自己的一亩三分地，坚决杜绝形形色色的形式主义和官僚主义。

根据我国发展阶段、环境和条件等因素，基于我国比较优势变化，在新发展阶段要着力推动构建以国内大循环为主体、国内国际双循环相互促进的新发展格局。习近平总书记强调："从根本上说，构建新发展格局是适应我国发展新阶段要求、塑造国际合作和竞争新优势的必然选择。"[①]2008年国际金融危机是我国发展格局演变的一个重要分水岭。近年来，经济全球化遭遇逆流，国际经济循环格局发生深度调整，特别是新冠疫情加剧了逆全球化趋势，各国内顾倾向上升。面对严重的国际危机冲击，厘清构建新发展格局的突出问题，解决影响人民群众生产生活的突出问题，以重点突破引领改革纵深推进变得格外重要。由此可知，我国构建新发展格局的关键在于经济循环的畅通无阻，这就需要经济活动中各种生产要素在生产、分配、流通和消费各个环节的有效组合和有机衔接，从而实现我国经济的循环流转。

在构建新发展格局的具体实践中，需要在各种可以预见和难以预见的问题中防范认识误区，比如不能片面强调"以国内大循环为主"，在对外开放上进行大幅度收缩；不能片面强调"国内国际双循环"，忽视国际格局的形势变化，固守"两头在外、大进大出"的旧

---

① 《习近平谈治国理政》第4卷，外文出版社2022年版，第154页。

思路；不能各自为政、画地为牢，不关心建设全国统一的大市场、畅通全国大循环，只考虑建设本地区本区域小市场、搞自己的小循环；不能认为畅通经济循环就是畅通物流、搞低层次物流循环；不能一讲解决"卡脖子"技术难题，就什么都自己干、搞重复建设，专盯"高大上"项目，不顾客观实际和产业基础，结果成了烂尾项目；也不能因为扩大内需和形成国内大市场，就开始搞盲目借贷扩大投资、过度刺激消费，甚至去大搞高耗能、高排放的项目；更不能忽视经济科技部门，只注重需求侧管理，而无视供给侧结构性改革，导致无法形成供给创造需求的更高水平动态平衡；等等。

基于此，要科学认识国内大循环和国内国际双循环的关系，主动发现问题，善于避开误区，重视以国际循环提升国内大循环效率和水平，改善我国生产要素质量和配置水平，建设更高水平开放型经济新体制，实施更大范围、更宽领域、更深层次的对外开放，积极参与国际市场竞争，增强我国出口产品和服务竞争力，推动我国产业转型升级，增强我国在全球产业链、供应链、创新链中的影响力。

第四章 **心无旁骛攻主业**
——坚持集中精力办好自己的事

在世界百年未有之大变局和中华民族伟大复兴战略全局的宏观大背景下，历史发展大势浩浩荡荡不可阻挡。顺应这种趋势并非躺在家里等它实现，而是主动参与其中，积极发挥自身的主观能动性，做到合规律性与合目的性的统一。历史发展的前进道路虽然光明却曲折，各种主客观阻碍因素不会主动退出历史舞台，必然会冲击新生事物向前的步伐。对此，习近平总书记多次强调，我们要集中精力办好自己的事。具体到经济工作上，坚持集中精力办好自己的事具有方法论层面的价值，是我们做好当前和未来经济工作的重要指导。

第一节　坚持集中精力办好自己的事的主要内容

"坚持集中精力办好自己的事"的直接含义并不难理解，但作为经济工作的方法论却有着极其深刻的理论内涵和思想张力。要想充分理解其主要内容，需要从内涵、方法论和办好哪些事情三大方面去理解。只有明确了其主要内容，我们才能知晓为什么要这么做和如何做。

第四章 心无旁骛攻主业——坚持集中精力办好自己的事

一、"坚持集中精力办好自己的事"的提出与深化

早在 2013 年 1 月 5 日，习近平总书记在新进中央委员会的委员、候补委员学习贯彻党的十八大精神研讨班上的讲话中就明确指出："最重要的，还是要集中精力办好自己的事情，不断壮大我们的综合国力，不断改善我们人民的生活，不断建设对资本主义具有优越性的社会主义，不断为我们赢得主动、赢得优势、赢得未来打下更加坚实的基础。"[1] 显然，这一原则具有鲜明的新时代中国特色社会主义发展特征，具有新时代中国特色社会主义发展前进的重要意义。它刚被提出的时候，并非仅仅针对经济工作，而且具有全局性、全面性的含义。2018 年 11 月 1 日，习近平总书记主持民营企业座谈会时强调："保持定力，增强信心，集中精力办好自己的事情，是我们应对各种风险挑战的关键。"[2] "坚持集中精力办好自己的事"已经是经济工作方法论。同时，习近平总书记已将其同战略定力、发展信心相结合，同应对各种风险挑战相结合，拓展了其内涵。

2019 年 5 月 21 日，习近平总书记主持召开推动中西部地区崛起工作座谈会时明确指出："最重要的还是做好我们自己的事情，统筹研究部署，协同推进改革发展稳定各项工作，谋定而后动，厚积而薄发。"[3] 习近平总书记又一次将集中精力办好自己的事上升到了全局性

---

[1]《十八大以来重要文献选编》（上），中央文献出版社 2014 年版，第 117 页。
[2] 习近平：《在民营企业座谈会上的讲话》，人民出版社 2018 年版，第 10 页。
[3]《习近平在江西考察并主持召开推动中部地区崛起工作座谈会时强调 贯彻新发展理念推动高质量发展 奋力开创中部地区崛起新局面》，《人民日报》2019 年 5 月 23 日。

工作的高度之上。这一思想经历了由抽象到具体，再由具体到抽象的过程，其内涵已经变得更加丰富饱满，而且使之同经济社会发展、区域发展、改革发展稳定等联系起来，发展为"谋定而后动，厚积而薄发"的策略。

案例展示

潍柴集团：从中国制造走向中国创造

从制造业大国迈向制造业强国，是习近平总书记对中国制造业的殷切期望。潍柴集团积极贯彻落实习近平总书记"心无旁骛攻主业"指示精神，勠力打造中国制造业金字品牌，使潍柴集团名列中国机械工业百强第一位。

潍柴集团诞生于1946年，前身为潍坊柴油机厂，是我国最早生产柴油机的厂家之一。新中国成立初期，面对帝国主义对我国实行全面封锁，潍坊柴油机厂按照当时国家计划经济发展需求，自立自强、艰苦创业，相继研发生产多类中速柴油机，其中1956年研制的6160型中速柴油机，填补了我国中速柴油机的空白。1968年，自主设计制造的6200型450马力柴油机，填补了国内空白。1970年4月，又承担了国防工业领导小组研制军用发动机的任务，满足了国家经济建设和国防建设的需要。1976年，成功研制的8V160型坦克动力柴油机通过部级鉴定，

第四章 心无旁骛攻主业——坚持集中精力办好自己的事

达到国际先进水平。这一阶段,潍坊柴油机厂为我国柴油机研制做出了突出贡献。

改革开放以来,潍坊柴油机厂相继实行了厂长负责制、党委领导下的厂长负责制,为推进企业改革提供了组织保障。1984年,潍坊柴油机厂承担了国家引进的重型汽车项目中的重型发动机生产任务,为我国重卡和工程机械行业提供了自主可控的动力支撑。1998年前后,潍坊柴油机厂陷入濒临破产的困境。潍坊柴油机厂大刀阔斧推进人事、劳动、分配三项制度和产权制度改革,在行业内率先建立起现代企业制度,激发了企业发展活力,创造了高速度增长的"潍柴奇迹"。

新时代,潍柴集团坚决贯彻习近平总书记"心无旁骛攻主业"指示精神,坚定不移贯彻新发展理念,坚持以市场为导向,对标全球前沿、世界一流,强化创新在企业发展中的核心地位;始终保持发展定力,聚焦装备制造主业,从单一发动机生产厂,发展成为以动力系统为核心的国际化集团,实现了高质量跨越式发展。

目前,潍柴集团重型发动机销量全球第一,液压、新能源等技术全球领先,引领了全球行业发展趋势。正是因为潍柴集团坚持做到"心无旁骛攻主业",才走出了一条独具中国特色的世界级企业崛起之路,为中国制造向中国创造转变、中国速度向中国质量转变、中国产品向中国品牌转变贡献了力量。

经济工作方法论

新冠疫情暴发以来，我国经济社会发展遇到新挑战。为应对挑战、化解风险，统筹经济发展，增强经济发展的潜力和抗风险能力，成为重中之重。为此，2020年8月20日，习近平总书记在扎实推进长三角一体化发展座谈会上强调："在当前全球市场萎缩的外部环境下，我们必须集中精力办好自己的事，发挥国内超大规模市场优势，加快形成以国内大循环为主体、国内国际双循环相互促进的新发展格局。"[1] 习近平总书记将集中精力办好自己的事同新发展格局联系在一起，使这一思想具有了更加深刻而确定的经济工作方法论意义。

面对各种风险挑战，党带领全国各族人民迎难而上，历史性地实现了第一个百年奋斗目标，全面建成小康社会，消除了绝对贫困，胜利迎来了党的百年华诞。在新时代中国特色社会主义朝着第二个百年奋斗目标前进的关键时期，党的二十大为我们指明了方向。

2022年7月26日至27日，省部级主要领导干部"学习习近平总书记重要讲话精神，迎接党的二十大"专题研讨班在北京举行，习近平总书记发表了重要讲话，强调："全党必须增强忧患意识，坚持底线思维，坚定斗争意志，增强斗争本领，以正确的战略策略应变局、育新机、开新局，依靠顽强斗争打开事业发展新天地，最根本的是要把我们自己的事情做好。"就此，坚持集中精力办好自己的事具有了新的理论内涵和思想高度。它直接关乎党的事业、人民幸福和中华民

---

[1] 《习近平在扎实推进长三角一体化发展座谈会上强调 紧扣一体化和高质量抓好重点工作推动长三角一体化发展不断取得成效》，《人民日报》2020年8月23日。

族伟大复兴,是我们处变开局的最终立足点。党的二十大报告的主题"高举中国特色社会主义伟大旗帜,全面贯彻新时代中国特色社会主义思想,弘扬伟大建党精神,自信自强、守正创新,踔厉奋发、勇毅前行,为全面建设社会主义现代化国家、全面推进中华民族伟大复兴而团结奋斗"[①]可以说充分体现了这一思想。同时,尤其值得我们注意的是,习近平总书记在党的二十大报告中提出了"六个坚持"。其中,"坚持自信自立"在习近平新时代中国特色社会主义思想的世界观和方法论高度上为我们回答了坚持集中精力办好自己的事的思想逻辑。

"坚持集中精力办好自己的事"的提出和深化说明这一思想不是完成时而是进行时,我们需要在认真领悟和学习贯彻习近平新时代中国特色社会主义思想的过程中全面、系统、深刻地把握其内涵。习近平总书记系列重要讲话精神为我们理解其内涵、实质、原因,掌握其实现路径指明了方向,成为我们行文立意的根本遵循。

二、"坚持集中精力办好自己的事"的内涵

如果从字面上直接看,很容易就能看到,"坚持集中精力办好自己的事"由"坚持""集中精力""办好""自己的事"四部分构成。"坚持"是指长期贯彻执行。这表明它不是一个暂时的方法,也不是一个间歇性手段,需要我们将其融入未来的经济工作当中,使之同

[①] 习近平:《高举中国特色社会主义伟大旗帜 为全面建设社会主义现代化国家而团结奋斗——在中国共产党第二十次全国代表大会上的报告》,人民出版社2022年版,第1页。

经济工作合二为一。"集中精力",是指把有限的时间、空间、资源、精神、动力等汇集起来。这表明我们所处的环境十分复杂,而我们自身的精力不足以解决所有问题,只有坚持走好自己的路。"办好"是指要解决好问题。这表明我们的工作效果有标准,真正解决问题、解决好问题才是合格的。"自己的事",是指与我们自身发展相关的关键问题。这表明我们要"好钢用在刀刃上,好庄稼种在节令上",将自身集中起来的有限精力聚焦于关键问题的解决之上。

在理解了其直接字面含义之后,我们应当进一步明确以下几个方面的内容。

(一)应内化于经济工作之中

经济工作是系统性工程,有些方式、方法的执行依赖于与之相关的各种要素及这些要素之间的关系。

然而,无论情形有多么复杂,局势有多么纷繁,经济工作的展开均有其较为固定的模式或打法。这些模式或打法内嵌于经济工作的全局之中,具有双重意义:一是构成经济工作的整体趋向,使经济工作体现为某种相对静态、稳定的特征;二是筑起经济工作的方法根基,使经济工作变得有序、有章法。显然,集中精力办好自己的事就属于这种模式,是具体经济工作的宏观打法和微观策略。

从更广泛的意义上看,它符合经济发展的内生性特质。一方面,它直接面对经济工作中的种种问题,将经济政策的实施与经济的运行融为一个整体；另一方面，它的直接目的在于推动经济内生性因素的发展壮大，使经济发展的各内部要素之间的联系更为紧密且协同进步。

（二）关键内涵是聚焦

经济发展和经济工作各自因素千丝万缕，相互之间又动态影响，必须从中找到关键，只有这样才能从主观上把握客观发展规律。这就凸显了聚焦的深刻意义。聚焦就像是狙击，狙击手必须为了一个目标随时掌控各种变化因素，对自己的呼吸节奏等进行动态调节，并随时应对周围环境的各种突发性干扰，稳住阵脚，保持定力，抓住时机而"一击毙命"。

因此，经济工作的聚焦必须使自身的主观意愿与客观经济发展过程融为一体，不因外在各种诱惑、陷阱多而受影响，从长期性、战略性的高度看待问题，做好目标管理，最终在充分利用各种条件的情况下抓住机会彻底解决问题。

还需要特别注意的是，聚焦是"办好"自己的事情的主观条件。如果没有聚焦，对自己的事情和精力没有充分的、客观的、正确的认识，那么根本不可能取得预期效果。

（三）一个完整有机体

如前所言，聚焦实际上已经反映出，坚持集中精力办好自己的事是一个有机整体，但其视角偏于动态性描述。若我们相对静态分析它，就应该看到，作为有机整体，它可被划分为主体、对象、中介这一实践性结构。

我们知道，实践是主体通过中介认识和改造客观对象的物质性活动，集中精力办好自己的事就是实践。而经济工作是经济领域里的具体实践。从广义上看，经济工作的主体包括党、国家（政府）、企业（市场主体）等。但是，由于我们这里重点针对的是宏观层面的经济运行，所以经济工作的主体主要是指党和国家（政府），包括相关经济决策、政策的各级、各具体领域、各层面的制定者和执行者，他们要么拥有宏观调控者的身份，要么具有不同程度的市场主体性地位。

明确了主体之后，其对象也就显而易见，即自己的事。在经济工作中，指的就是对应于上述主体的，各级、各具体领域、各层面的经济问题。并非所有经济问题都是我们经济工作的对象。我们要集中精力办好的事情一定是关乎全局发展、具有未来前进方向的战略性问题。

处于上述主体与对象之间的中介就是经济治理结构。经济治理结构是经济工作主体作用于经济工作对象的直接抓手，它是生产关系或经济基础之上的上层建筑的一部分。总体而言，在社会主义市场经济背景下，我们经济工作所采用的经济治理结构主要是党领导政府进行的宏观调控及其相应法治体系。

（四）心力、定力、能力、动力、效力的真正统一

坚持集中精力办好自己的事情本身就是一种素质和能力，但由于它是经济工作实践过程与实践目的统一，所以必须坚持目标导向与问题导向的统一。要想实现这一点，就要增强我们自身的心力，尤其要使自己具备坚强的毅力。有毅力是重要的品质，它能确保经济工作进行过程的连续、稳定。经济工作肯定会遇到不同程度的困难，这些困难各具特点，有些如狂风骤雨般来势汹汹而不好直接面对，有些如梅雨一样连绵不绝而容易使人逐渐失去斗志，有些则会带来腐败的"糖衣炮弹"。坚强的毅力是我们抵御困难带来的心理问题的正确手段。必须明确的是，坚强的毅力不是"一根筋"或对某些具体问题不懂得变通，而是坚定马克思主义信仰，不忘初心，牢记使命。只有在信仰的力量的支持下，坚强的毅力才能真正转化为为人民服务的具体行动。

同时，我们在经济工作中还要有定力。这里的定力是服务于全局的战略定力，是坚强的毅力的必然结果。这种定力表现为，心中有信仰、有原则、有底线，行动上有方法、有策略、有应对，"敌军围困万千重，我自岿然不动"。如同毅力可与灵活兼容一样，定力不是在行动上一直以不变应万变，而是守正创新，稳中求变，等待时机破局。

毅力和定力是必要条件，还需要具体的能力、前进的动力和最终的效力作为充分条件。经济工作中的能力是全面的、综合性的，包括

与工作相关的各种专业技能、沟通协调能力、组织能力、心理能力等，这些具体能力是办好自己的事情的关键，因为即使拥有再强的毅力和定力，没有具体能力也无法完成工作。

前进的动力主要是指我们对解决经济工作中的各种问题要有信心，要相信在党的正确领导下，任何困难都能被解决。信心产生前进动力，给予未来方向。从根本上讲，我们经济工作的信心源自"中国化时代化的马克思主义行"。

最后，我们的经济工作是过程与结果的统一，我们重视过程并不代表可以不要结果。我们不是唯结果主义者或结果至上论者，但是如果经济工作没有实现其目的，没有形成最终的效力，那么，我们的工作就不能用好来形容。所以，最终的效力是我们工作毅力、定力、能力、信心的总结和果实。

由上可知，经济工作在充分必要的意义上是心力、定力、能力、动力、效力的真正统一。

实际上，坚持集中精力办好自己的事的内涵远比理论描述得丰富、深刻。它是理论与实践的统一，需要我们在经济工作的实践过程中具体理解与掌握，最终使其内化于每一名党员的头脑之中。

三、"坚持集中精力办好自己的事"的方法论实质

坚持集中精力办好自己的事并不是元方法论，而是元方法论的具体化。为何这样判断呢？这是因为，方法论实际上也是有层级的，正如有

第四章 心无旁骛攻主业——坚持集中精力办好自己的事

些机床也需要被机床生产一样，有些方法论与世界观是"一体两面"的关系，是其他方法论存在的依据。所以，方法论可被划分为元方法论和具体方法论。从这个视角出发，我们可以明确，坚持集中精力办好自己的事并不是世界观本身，在它层级之上还有产生它的元方法论。显然，我们需要从元方法论的意义上深化对其方法论实质与内涵的理解。

第一，它源自唯物辩证法。唯物辩证法是唯物主义和辩证法的统一，是马克思主义世界观与方法论的统一。唯物辩证法以对立统一规律为核心。

一方面，矛盾的普遍性、特殊性要求我们承认矛盾的客观存在并具体问题具体分析。我们的经济工作面对的是无数现实矛盾，这些矛盾就是需要解决的问题。虽然这些问题有些是主观的，但是归根到底都具有其客观性因素，而且有些主观矛盾也不会以我们的意志为转移，解决它们需要客观手段、方式、方法。与此同时，我们应当看到，当前中国特色社会主义已经进入新时代，经济发展已经解决了一部分旧问题，也面临一些老问题，更要应对一些新问题。这些问题要求我们要根据现在的具体形势与条件做出有针对性的解决方案。无论是解决经济发展的整体性问题还是解决具体某一个问题，都需要具体问题具体分析，然后集中精力解决好问题。

另一方面，复杂事物的发展过程中，其性质是由主要矛盾的主要方面决定的，我们要坚持"两点论"与"重点论"相统一。我们的经济工作必须有所侧重，把握重点，解决关键问题，只有这样才能使经济朝着我们预期的方向发展。"集中精力"和"自己的事情"所内含的"聚焦"就是对"重点论"的深入贯彻。可以说，一谈到坚持集中精力办好自己的事同唯物辩证法之间的关系，我们首先应该想到的就应当是"重点论"。然而，这并不意味着不讲求"两点论"，因为要"办好"事情、解决问题，就必须兼顾整体和全局，充分考虑全面性。

第二，它体现内因决定论。事物的发展是由内因决定的。促成事物发展的因素有很多，但事物发展归根到底是由内因决定的，即使是外因也是通过内因影响事物的发展。坚持集中精力办好自己的事，就是聚焦经济发展的内在因素，以内部问题的解决促进经济的不断发展。我们常说经济发展具有内生性特点，需要合理处理外部性问题，激发其内生因素并产生内生动力，实现内生性增长。集中精力实质上也是把握内因，因为精力是经济工作主体的内因。于是，坚持集中精力办好自己的事就体现了双内因的有机整合：一方面是经济工作对象的内因，另一方面是经济工作主体的内因，将两大内因融合起来才能将互为外在性的双方转化为经济工作——经济发展过程有机体的共同内生性力量。应当注意的是，这两大内因之间也有主次之分，经济发展过程的内因决定经济工作的内因。但在具体情形下，经济工作的内因会直接推动经济发展过程内因不断向前。这就涉及下面的第三点。

第三，它体现坚持尊重客观规律与发挥主观能动性的统一。辩证唯物主义的世界观告诉我们，事物发展都有其客观规律，规律的客观性是一条铁律，我们只能顺应规律而不能违背规律，违背了规律就会

第四章 心无旁骛攻主业——坚持集中精力办好自己的事

遭到规律无情的"报复"。人类的主观性和规律的客观性可以亦步亦趋,当我们掌握规律、顺应规律的时候,规律就会成为我们改造客观世界最有力的手段。经济发展具有规律性,掌握这些规律就能够在经济工作中发挥好主观能动性。坚持集中精力办好自己的事是在掌握经济规律的前提下充分发挥自身主观能动性。同样,经济工作也具有规律,集中精力办好自己的事本身就是经济工作的规律。由此,类似于第二点所说的两大内因融合,坚持集中精力办好自己的事其实是经济规律和经济工作规律两大规律的融合。虽然经济规律决定经济工作规律,但是经济工作规律依然可以直接促进经济发展过程不断前进。

上述三点内容是坚持集中精力办好自己的事的元方法论根据,实质上体现的正是主观辩证法和客观辩证法的统一,是我们党与时俱进、坚持马克思主义、活学活用唯物辩证法的典型案例。其实,坚持集中精力办好自己的事除了具有马克思主义的元方法论意义之外,还具有中华优秀传统文化中的元方法论意义。我们必须在"两个结合"的思想高度上全面理解这一方法论。

中华优秀传统文化一直追求"自强不息,厚德载物",一直强调守正创新,"苟日新,日日新,又日新"。君子自强不息就是创新,君子厚德载物就是守正。守正是创新的基础,创新是最好的守正。守正守的是自己,创新发展的也是自己。守正创新就必须具有独立人格和独立意识,能真正"以我为主",不被外在因素牵着鼻子走。孔子说:"人皆趋彼,我独守此;人皆或之,我独不徙。"人格独立和意识独立是君子的基本素养。"君子求诸己,小人求诸人。"如果将自己的人格和意识交给别人,成为他人的附庸,那么"从上依世则道废"。陆九渊所创立的"心学"并非简单的主观唯心主义,而是在此问题上具有诸多可供我们借鉴的思想,他在孔子的基础上进一步强调:"今人略有些气焰者,多只是附物,元非自立也。"丧失了自我独立人格就只能"狐假虎威",无论是内在修养还是外在品行都不能做到自给自足,需要外在强迫性力量来掩饰自身自足性的缺失。顾炎武讲"天下兴亡,匹夫有责",林则徐说"苟利国家生死以,岂因祸福避趋之"。这些都是中华优秀传统文化坚持独立人格和独立意识的家国情怀的体现。不同于西方严格的等级制,中华优秀传统文化始终没有忘却每个人独立人格和独立意识的意义与价值,以至于王阳明豪言"满街都是圣人"。中华优秀传统文化在这一点上同马克思主义相得益彰,最终在中国共产党人的努力下做到了马克思主义基本原理同中国具体实际相结合、同中华优秀传统文化相结合。而坚持集中精力办好自己的事则深刻体现了中国化时代化马克思主义的方法论特征。

四、"坚持集中精力办好自己的事"的价值

在确认了上述三方面内容之后,需要特别强调我们在经济工作之中需要办好哪些事情。只有明晰这些事情的全貌,我们才能更好地理解和掌握其主要内容。那么,我们应该集中精力办好哪些事情呢?在此之前,应当明确一点:我们的经济工作不是目的,而是实现伟大目

标的手段。党的二十大指出:"从现在起,中国共产党的中心任务就是团结带领全国各族人民全面建成社会主义现代化强国、实现第二个百年奋斗目标,以中国式现代化全面推进中华民族伟大复兴。"[①] 显然,我们的经济工作要服务于这一整体目标。建成社会主义现代化强国和以中国式现代化推进中华民族伟大复兴最主要的依靠还是经济发展,这也正是我们经济工作的直接目的。

(一) 建成社会主义现代化强国

2010年,中国的国内生产总值按照美元汇率计算超过日本,成为世界第二大经济体。同年,中国的制造业总产值居世界第一。随后,这两项重要排名没有发生变化,尤其是中国的制造业总产值逐渐与其他国家拉开距离。同时,中国成为唯一具备联合国划分的所有工业门类的国家,建立起了一个十分完整的工业化体系。我们知道,现代化最重要的基础和标志就是工业化,掌握现代化的先进大工业是建成社会主义现代化强国的关键。

党的十八大之后,中国特色社会主义进入新时代,十余年来,我国在经济领域取得了历史性飞跃:"国内生产总值从五十四万亿元增长到一百一十四万亿元,我国经济总量占世界经济的比重达百分之十八点五,提高七点二个百分点,稳居世界第二位;人均国内生产总

---

① 习近平:《高举中国特色社会主义伟大旗帜 为全面建设社会主义现代化国家而团结奋斗——在中国共产党第二十次全国代表大会上的报告》,人民出版社2022年版,第21页。

经济工作方法论

值从三万九千八百元增加到八万一千元。谷物总产量稳居世界首位，十四亿多人的粮食安全、能源安全得到有效保障。城镇化率提高十一点六个百分点，达到百分之六十四点七。制造业规模、外汇储备稳居世界第一。建成世界最大的高速铁路网、高速公路网，机场港口、水利、能源、信息等基础设施建设取得重大成就。我们加快推进科技自立自强，全社会研发经费支出从一万亿元增加到二万八千亿元，居世界第二位，研发人员总量居世界首位。基础研究和原始创新不断加强，一些关键核心技术实现突破，战略性新兴产业发展壮大，载人航天、探月探火、深海深地探测、超级计算机、卫星导航、量子信息、核电技术、新能源技术、大飞机制造、生物医药等取得重大成果，进入创新型国家行列。"[1]经济领域的伟大成就筑起了全面建成小康社会的坚实物质基础。虽然面临各种风险挑战，但我们的第一个百年奋斗目标胜利实现。这就是经济工作助推经济发展的伟大意义所在。

必须看到的是，我们现在只是完成了万里长征第一步，当前我国社会主要矛盾是人民日益增长的美好生活需要和不平衡不充分的发展之间的矛盾。不平衡不充分的发展制约着我们继续前进的步伐。因此，我们需要鼓足干劲，脚踏实地，解决不平衡不充分的发展问题。在新的历史进程中，我们要继续明确，经济现代化是全面现代化的物质基础，要不断推动经济发展，以经济发展建成社会主义现代化强

---

[1] 习近平：《高举中国特色社会主义伟大旗帜　为全面建设社会主义现代化国家而团结奋斗——在中国共产党第二十次全国代表大会上的报告》，人民出版社2022年版，第8页。

国。我国的经济工作要紧跟"两步走"战略安排,助推2035年基本实现社会主义现代化和本世纪中叶将我国建成富强民主文明和谐美丽的社会主义现代化强国。

(二)以中国式现代化推进中华民族伟大复兴

中华民族的现代化历程历经坎坷,自鸦片战争开始,其进程就受到各种内外因素的阻碍。无数仁人志士探索了中华民族的现代化之路。洋务运动以富国强兵的工业化开启了中华民族艰难的现代化历程,变法、改革、新文化运动等纷纷登上历史舞台,对现代化的探索历经器技、制度、文化多个阶段,最终以中国共产党的成立与革命探索为标志,中国的现代化开始由无产阶级及其政党所主导。以新民主主义革命为先导,中国的现代化开始走上正确道路。

中国的现代化之路以"两个结合"为标志,先后历经新民主主义革命时期、社会主义革命和建设时期、改革开放和社会主义现代化建设新时期和中国特色社会主义新时代。其主线以社会主义工业化为核心,逐步由"四个现代化"完善为"五位一体"的全面现代化。由此,中国人民在中国共产党的带领下开辟了一条中国式现代化道路。

我们应充分认识到,不同于西方资本主义所主导的以资本为中心的"西方中心主义"现代化,中国式现代化有其鲜明的社会主义特征和马克思主义本色:它是人口规模巨大的现代化,是全体人民共同富裕的现代化,是物质文明和精神文明相协调的现代化,是人与自然和谐共生的现代化，是走和平发展道路的现代化。因此，我们的经济工作必须继续凸显这些特征，彰显新时代中国特色社会主义的道路优势、理论优势、制度优势、文化优势、历史优势和战略优势。

为此，我们要以中国式现代化的本质要求为遵循，即"坚持中国共产党领导，坚持中国特色社会主义，实现高质量发展，发展全过程人民民主，丰富人民精神世界，实现全体人民共同富裕，促进人与自然和谐共生，推动构建人类命运共同体，创造人类文明新形态"[①]。其中，党的领导是方向与根本保障；中国特色社会主义是道路与制度；高质量发展是经济，它以"富强"来进行衡量；全过程人民民主是政治，它以"民主"来进行衡量；人民精神世界是文化，它以"文明"来进行衡量；全体人民共同富裕是社会，它以"和谐"来进行衡量；人与自然和谐共生是生态，它以"美丽"来进行衡量；构建人类命运共同体是世界；人类文明新形态是文明。实际上，中国式现代化的本质要求，其内涵与我们的经济工作密切相关，尤其是高质量发展、全体人民共同富裕和人与自然和谐共生。

此外，透过中国式现代化的特征和本质要求，我们必须注意到，以中国式现代化推进中华民族伟大复兴是坚持独立自主与坚持胸怀天下相统一，因为中国式现代化创造了人类文明新形态，具有世界历史意义。因此，我们的经济工作也应当在这一过程中具有天下情怀和世界意识。

---

① 习近平：《高举中国特色社会主义伟大旗帜　为全面建设社会主义现代化国家而团结奋斗——在中国共产党第二十次全国代表大会上的报告》，人民出版社2022年版，第23—24页。

第四章　心无旁骛攻主业——坚持集中精力办好自己的事

事实上，在我们的经济工作中，集中精力要办好的事情还有很多，这些问题同样重要。但这些问题属于上述两大类事情，因此于此不再多言。这并不意味着可以忽视这些没有被说明的问题，而是应当在上述两大类事情的宏观格局之下切实做好每一件事情。

第二节　坚持集中精力办好自己的事的意义

在回答了"什么是坚持集中精力办好自己的事"这一基础性问题之后，我们应当进一步明确为何要坚持集中精力办好自己的事。实际上，在前一节中，我们在分析这一方法论内涵的时候，简要回溯了其历史生成逻辑，从这一逻辑中，其实已经能够理解它的重要意义。本节则从现实视角出发，通过探寻其现实逻辑，阐释其意义。概括而言，其意义主要体现在把握发展机遇、应对各种风险挑战和赢得国际竞争主动三大方面。

一、把握发展机遇的关键

习近平总书记在党的二十大报告中指出："当前，世界百年未有之大变局加速演进，新一轮科技革命和产业变革深入发展，国际力量对比深刻调整，我国发展面临新的战略机遇。"[①] 这是对我国的发展机

[①] 习近平：《高举中国特色社会主义伟大旗帜　为全面建设社会主义现代化国家而团结奋斗——在中国共产党第二十次全国代表大会上的报告》，人民出版社 2022 年版，第 26 页。

遇的高度概括。

所谓发展机遇，是指事物发展过程中面临的有利环境、条件和趋势。由前述可知，无论是新时代中国特色社会主义的整体发展还是经济工作的完成都是内因与外因相互作用的结果，外因会通过内因影响事物的发展。具体到我们当前的发展机遇，应当从以下几个方面进行深入认识。

第一，中华民族、中国共产党都有把握发展机遇的历史经验和错失发展机遇的历史教训，这些经验教训无不启示我们，只有集中精力才能抓住战略发展的机遇。中华民族拥有辉煌历史，在人类文明史上作出了巨大贡献，极大地推动了人类文明的发展进步。作为一个拥有百万年人类史、一万年文化史和5000多年文明史的民族，中华民族抓住了多次人类文明发展的关键战略机遇，实现了跨越式发展。比如，中华民族进行了生产工具、政治制度、文化等各方面的变革，进入雅斯贝尔斯所说的文明"轴心时代"，并用了几百年时间整合、发展出了长期领先世界的大一统封建主义体制。这一体制影响深远，开辟了人类文明发展的东方道路。

然而，中华民族长期的领先却导致路径依赖和发展惯性，先后错失了大航海时代、科技革命、工业革命等重要战略发展机遇，没有及时完成转型，最终全面落后于西方，被坚船利炮打开了国门，逐步沦为了半殖民地半封建社会，致使"国家蒙辱、人民蒙难、文明蒙尘"。同时，我们也不得不被动接受西方现代化模式的渗透，在一定程度上

第四章 心无旁骛攻主业——坚持集中精力办好自己的事

依附西方。以萨米尔·阿明为代表的学者提出的"依附理论"可以较好解释中华民族这段不堪回首的现代化历史。

中国共产党善于抓住机遇解决重大发展问题。比如，毛泽东说过，抗日战争快不得，解放战争拖不得。解放战争是中国人民新民主主义革命的最后阶段，可谓成败在此一举。当时的国际形势波谲云诡。美苏之间的冷战刚开始，双方火药味十足，而美苏同英法等旧世界体系维护者之间同样矛盾重重。趁着国际局势中大国角力所产生的混乱，在新的世界格局彻底形成之前，党带领中国人民仅用不到四年的时间就取得了革命胜利，建立了新中国。又如，自改革开放起，我们就经常提"战略机遇期"。我们几乎抓住了每次重大机遇，在各个领域韬光养晦、有所作为。我们的经济工作同样离不开机遇。同样一个问题，在有些情形下无法推动解决，但是在有些情形下却可以顺利推进。

第二，战略发展的机遇不是自发生成的，与发展整体中的每一个部分都有关系，只有集中精力才能主动参与、积极作为，紧紧抓住战略发展机遇期。战略机遇不是运气，虽然它具有某种偶然性，但却是对必然趋势的反映。必然和偶然之间是辩证统一的，都是联系和发展的基本环节。两者之间相互依存、相互转化。在人类所处的宏观世界中，偶然背后从来都不杂乱无章，不存在脱离必然的偶然。从根本上讲，这主要是因为人类社会具有明显的秩序性，这不同于自然界微观领域中的无序化。但是，必然的发展趋势是逐渐显露出来的，光怪陆离的现象会遮蔽必然性。这就要求我们提高洞察力，积极发挥自身主观能动性，走好自己的路。只有走好自己的路，才能真正抓住战略机遇，使之成为有利于自身发展的因素。这样，我们的路也就能越走越宽，越走越远，越走越顺。机会总是留给有准备的人，抓住战略机遇需要做好充分准备，不能抱有侥幸心理，更不能去赌运气。

还应认识到的是，战略机遇并不是连续存在的，它很可能是间断且随时处于动态变化中的。这就要求我们尽力拓展其时间长度，提高连续性，充分考虑发展整体中的每一个环节、每一个部分。以往我们开展经济工作取得预期效果，不是瞎猫碰上死耗子，而是主动抓住机遇的结果。比如，进入21世纪以来，积极谋划，加强科研，实现了第二代、第三代通信技术跟跑，第四代通信技术齐跑和第五代通信技术领跑，以空间换时间，抓住了通信技术及其相关领域发展的机遇期。

第三，世界百年未有之大变局是我们主动参与创造的战略机遇，机不可失，时不再来，只有集中精力才能推动其朝着有利于我们的方向发展。这一战略机遇同我们当前的发展状况密不可分。习近平总书记在党的二十大报告中明确强调，"实现中华民族伟大复兴进入了不可逆转的历史进程"[①]。究其原因，在于经过百年奋斗，中国共产党自身的政治领导力、思想引领力、群众组织力、社会号召力显著增强。

---

① 习近平：《高举中国特色社会主义伟大旗帜　为全面建设社会主义现代化国家而团结奋斗——在中国共产党第二十次全国代表大会上的报告》，人民出版社2022年版，第16页。

尤其是通过全面从严治党,党同人民群众的血肉联系更为紧密。中国人民历经时代风霜,变得更加成熟坚定,焕发出无比强大的前进动力和奋斗精神,自觉接受党的领导并为实现中华民族伟大复兴而自信自立自强。在党和人民的共同努力之下,"改革开放和社会主义现代化建设深入推进,书写了经济快速发展和社会长期稳定两大奇迹新篇章,我国发展具备了更为坚实的物质基础、更为完善的制度保证"①。

中华民族伟大复兴战略全局与世界百年未有之大变局之间密切相关。世界百年未有之大变局的形成同新一轮科技革命和产业革命有关,但就世界力量格局的演变和发展而言,中华民族伟大复兴的历史进程成为推动其形成的最重要促进因素。中华民族伟大复兴正在塑造新的世界力量格局。自人类进入工业化时代以来,还没有哪个非西方国家具有如此改变世界的力量。我们一定要明确,世界百年未有之大变局依然处于动态演化的过程之中,只有使其突破各种限制性因素,推动它朝着有利于我们和世界人民的方向发展,才是当前把握战略机遇的必然选择。我们的经济工作应充分利用世界百年未有之大变局,练好内功并积极走出去,在构建人类命运共同体的过程中发挥经济领域的引领作用。

无论是经济工作还是其他各项工作,只有坚持集中精力办好自己的事,才能真正掌握发展的主动权,真正让战略机遇转化为发展的动

---

① 习近平:《高举中国特色社会主义伟大旗帜 为全面建设社会主义现代化国家而团结奋斗——在中国共产党第二十次全国代表大会上的报告》,人民出版社2022年版,第15—16页。

力。还应认识到，即使由于各种原因错失了一些机遇，但只要坚持集中精力办好自己的事，也可以奋起直追，重新获得新的发展机遇。

二、应对各种风险挑战的关键

机遇与挑战并存，美景总在险峰，祸福相依。我们拥有的机遇有多大，发展条件多有利，往往就意味着挑战同样大甚至更大，阻碍因素同样多甚至更多。

世纪疫情是人类面临的前所未有的公共性卫生事件，它波及全球，持续时间长，使原本就已经复苏乏力的世界经济雪上加霜。我们早已成为世界的一部分，新冠疫情带来的不确定性给中国经济的稳定、持续发展也带来了压力。与此同时，在世界百年未有之大变局和存量博弈的大背景下，"西方中心主义"揭开其"普世主义"面纱，以自我利益为中心。

马克思曾说："我死后哪怕洪水滔天！这就是每个资本家和每个资本家国家的口号。"[1] 资本主义国家、资本家集团一直没有放弃利己主义并表现为为了短期利益而罔顾人类长久发展。当前的逆全球化、单边主义和保护主义都是由其产生。

列宁曾经指出，资本主义国家之间发展的不充分和不平衡将导致全面性的危机与冲突。实质上这是资本逻辑和资本本性的必然结果。

---

[1] 《马克思恩格斯文集》第5卷，人民出版社2009年版，第311页。

第四章 心无旁骛攻主业——坚持集中精力办好自己的事

马克思在《资本论》中曾引用了托·约·邓宁的名言:"资本逃避动乱和纷争,它的本性是胆怯的。这是真的,但还不是全部真理。资本害怕没有利润或利润太少,就像自然界害怕真空一样。一旦有适当的利润,资本就胆大起来。如果有10%的利润,它就保证到处被使用;有20%的利润,它就活跃起来;有50%的利润,它就铤而走险;为了100%的利润,它就敢践踏一切人间法律;有300%的利润,它就敢犯任何罪行,甚至冒绞首的危险。如果动乱和纷争能带来利润,它就会鼓励动乱和纷争。"① 目前世界上的局部冲突和动荡无不符合这种描述。

资本固有的发展悖论和内在矛盾必然导致全球经济社会发展的周期性动荡。因为我国实行的社会主义市场经济同资本主义市场经济具有共性,资本逻辑渗透至社会主义经济发展的具体过程之中,给我国的经济社会发展带来了诸多不确定性风险。目前,我国的改革发展依然面临诸多堵点,很多问题没有解决,很多事情没有厘清。更为值得警惕的是,内外风险挑战叠加在一起会带来系统性风险,严重阻碍我们前进的步伐。

当此之下,如何化挑战为机遇成为关键。在这方面,我们具有丰富的传统与经验。建党百年,党总结百年奋斗重大成就和历史经验,明确指出:"独立自主是中华民族精神之魂,是我们立党立国的重要

---

① 《马克思恩格斯文集》第5卷,人民出版社2009年版,第871页。

原则。走自己的路，是党百年奋斗得出的历史结论。党历来坚持独立自主开拓前进道路，坚持把国家和民族发展放在自己力量的基点上，坚持中国的事情必须由中国人民自己作主张、自己来处理。人类历史上没有一个民族、一个国家可以通过依赖外部力量、照搬外国模式、跟在他人后面亦步亦趋实现强大和振兴。那样做的结果，不是必然遭遇失败，就是必然成为他人的附庸。只要我们坚持独立自主、自力更生，既虚心学习借鉴国外的有益经验，又坚定民族自尊心和自信心，不信邪、不怕压，就一定能够把中国发展进步的命运始终牢牢掌握在自己手中。"[①]

坚持独立自主是党百年奋斗的十大历史经验之一，是"两个结合"的产物并将继续推进"两个结合"的发展，也才是我们走向未来的方法论遵循。只有坚持独立自主，坚持走中国道路，坚持集中精力办好自己的事，才能真正以正确的方式迎接风险挑战，也才能真正以合理的手段解决问题。党的二十大在回顾新时代十年来取得的历史性成就时，提到了十年前我们面临的形势。那时的形势要远比现在复杂得多，但是，党团结带领全国各族人民集中精力办好自己的事，将风险挑战视为改革发展的"垫脚石"，取得了新时代十年的历史性成就，成为化挑战为机遇的典范。未来，我们只有继续坚持集中精力办好自己的事，走中国特色社会主义之路，才能在风险挑战面前立于不

---

① 《中共中央关于党的百年奋斗重大成就和历史经验的决议》，人民出版社2021年版，第67—68页。

败之地。

当前我们所面临的诸多风险挑战多与经济领域直接相关,自然也与经济工作直接相关。经济工作受到这些内外风险挑战的双重挤压,"黑天鹅"事件和"灰犀牛"事件成为亟待破解的经济工作难题。只有坚持集中精力办好自己的事,才能在风险来临之际组织起团结的力量和利用有效的手段予以积极应对。

三、赢得国际竞争主动的关键

在世界百年未有之大变局之下,各种力量暗流涌动,都欲采取各种方式抢占先机以赢得国际竞争的主动权甚至主导权。要想充分理解当前的国际竞争,就必须明确以下几点。

(一)实力是国际竞争的关键因素

当今世界的国际竞争是全方位、立体化的竞争,是综合国力的竞争,是硬实力与软实力的竞争。"弱国无外交",是国际关系最为直观的体现。并不是说弱国没有外交,而是指弱国没有独立自主的外交。

我们倡导和平共处五项原则,但现实的国际关系中,某些国家采取霸权主义和强权政治,以各种方式干涉别国内政,拉帮结派,严重影响国际秩序的平等、正义、稳定、和谐发展。综合国力强的国家如果使国际关系遵循所谓"丛林法则",那么将严重威胁世界的和平与发展。造成这种情况的原因，归根到底在于各国实力的不平衡。我们看到，某些国家依靠自己的军事霸权构筑起一套收割全球的金融霸权体系，其经济发展的危机成本被转嫁至世界人民身上。依靠意识形态领域的文化软实力，某些国家对其他国家输入其政治制度和价值观，使之成为其附庸。在这种国际体系中，如果不提升自身实力，将面临这种风险。

我们当然反对任何形式的霸权主义与强权政治，但马克思早就教导我们："批判的武器当然不能代替武器的批判，物质力量只能用物质力量来摧毁。"[①] 要想改变当前国际关系的现状，赢得国际竞争，就必须具备强大的综合国力。

（二）国际竞争导致国际格局动态演变

国家间实力的变化直接影响国际格局的演变。当今世界所处的百年变局要改变的是"西方中心主义"主导世界的力量格局。这一格局的形成经历了几百年时间。以大航海和殖民扩张为标志，资本主义逐渐建立了自己的世界体系。而随着科技革命引发工业革命，资本主义生产方式发生蜕变，获得了空前实力，战胜了古老文明，使东方国家从属于西方国家。西方各大国相继崛起，经过不断竞争，西方国家的综合实力反而更加强大。虽然这一格局经过了多次演变，但直到美苏冷战结束依然没有发生根本性转变。

---

① 《马克思恩格斯文集》第 1 卷，人民出版社 2009 年版，第 11 页。

如前所言,由于中华民族伟大复兴,中国综合国力迅速发展,中国已成为世界发展不能被忽视的、可影响整个世界和平与发展的重要力量。中华民族伟大复兴战略全局所直接塑造的世界百年未有之大变局集中体现了国家实力与国际竞争、国际格局动态演变之间的关系。在中华民族伟大复兴不可逆转的今天,我们处于国际竞争的中心,某些国家所依托的国际格局旧秩序不允许中国在国际竞争之中获得主动和优势。因此,我们要想在国际竞争之中真正掌握主动并逐渐形成自己的优势,就必须集中精力办好自己的事,尤其需要集中精力做好经济工作,坚持发展就是硬道理。

(三)国际竞争关乎人类发展

习近平总书记在党的二十大报告中强调:"当前,世界之变、时代之变、历史之变正以前所未有的方式展开。一方面,和平、发展、合作、共赢的历史潮流不可阻挡,人心所向、大势所趋决定了人类前途终归光明。另一方面,恃强凌弱、巧取豪夺、零和博弈等霸权霸道霸凌行径危害深重,和平赤字、发展赤字、安全赤字、治理赤字加重,人类社会面临前所未有的挑战。世界又一次站在历史的十字路口,何去何从取决于各国人民的抉择。"[①]

国际竞争不是目的而是手段,是国家实力关系的结果。当今世界

---

① 习近平:《高举中国特色社会主义伟大旗帜 为全面建设社会主义现代化国家而团结奋斗——在中国共产党第二十次全国代表大会上的报告》,人民出版社2022年版,第60页。

的联系比以往任何时候都更为紧密，但是人类所面临的问题也前所未有地复杂。人类面临的普遍性问题已经演变为发展难题和发展悖论，渗透至社会各个层面。这些难题和悖论既源自人与自然的关系，也来自人与人之间的关系，还涉及人自身，要想解决只能寻求人类共识。然而，旧有国际秩序下，国际竞争不以解决这些问题为目标，反而加剧了这些问题的危害程度。不当的国际竞争严重损害了世界人民的发展权益和人类社会发展的长期利益，亟须代表正义与未来的力量主导国际竞争的主动权与主导权。

中华民族和中国人民经历了5000多年历史风霜，从文明起始之日就将"天下"融入自己的文化基因之中。今日，中华民族伟大复兴代表了人类正义事业，为人类正义事业"打样"。只有坚持集中精力办好自己的事，中华民族和中国人民才能真正赢得国际竞争的主动权和主导权，朝着有利于人类美好未来的方向发展。

理解和把握坚持集中精力办好自己的事的意义，不仅有助于我们进一步明确其内涵与实质，更有利于我们切实抓住其实现路径。这是一个逻辑整体，也是一个实践整体。

第三节　如何坚持集中精力办好自己的事

关于如何坚持集中精力办好自己的事，实际上涉及两个方面的内容：第一，要坚持这一方法论，突出"坚持"的深刻意蕴；第二，要

第四章　心无旁骛攻主业——坚持集中精力办好自己的事

真正做到突出过程与结果的统一。这实际上也是马克思主义政治经济学方法论给予我们的启发。马克思在进行政治经济学批判的时候，研究的不是资本的一次运动，而是资本再生产的过程。与之类比，社会主义经济运行同样不是一蹴而就的一次性过程，而是再生产的循环往复（并非线性，而是有发展）。这就教导我们，社会主义经济工作必须坚持这一方法论。

一、坚持党的领导，确保集中聚焦

坚持集中精力办好自己的事，关键在于坚持党的领导。"中国共产党是领导我们事业的核心力量。中国人民和中华民族之所以能够扭转近代以后的历史命运、取得今天的伟大成就，最根本的是有中国共产党的坚强领导。历史和现实都证明，没有中国共产党，就没有新中国，就没有中华民族伟大复兴。治理好我们这个世界上最大的政党和人口最多的国家，必须坚持党的全面领导特别是党中央集中统一领导，坚持民主集中制，确保党始终总揽全局、协调各方。只要我们坚持党的全面领导不动摇，坚决维护党的核心和党中央权威，充分发挥党的领导政治优势，把党的领导落实到党和国家事业各领域各方面各环节，就一定能够确保全党全军全国各族人民团结一致向前进。"[①]

坚持党的领导是我们做好各项工作的先决条件。一方面，党的领

[①] 《中共中央关于党的百年奋斗重大成就和历史经验的决议》，人民出版社2021年版，第65页。

导，内在于治理体系，具有客观性；另一方面，党的领导是我们提升治理能力的能动要素，不是空洞静止的，具有主观性。要想提升国家治理体系和治理能力现代化的水平，坚持党的领导是必然要求。

我们必须明确一点：经济工作从来不是单纯的经济领域内的工作，它涉及方方面面，但归根到底是政治工作。这是我们看待经济工作和进行经济工作的时候应当具备的基本判断，只有明确了这一点，才能真正在经济领域实现正确的政治站位。具体到经济工作的实际而言，坚持党的领导是做好经济工作的根本保证。

（一）坚持党的领导，确保经济工作不偏离方向

经济工作的方向至关重要，方向错了，使再大的力气，集中再多精力，也不能取得预期成果。党作为新时代中国特色社会主义事业的领导核心，把握着我们前进的正确方向，只有跟着党走才有光明的前景和未来。

经济工作涉及很多方向，有长期、宏观、整体、综合、稳定的工作方向，也有短期、微观、局部、具体、灵活的工作方向。要想统筹好这些方向，就必须始终坚持把党治国理政的方针、政策、方法等贯穿到工作的每一个环节当中。经济领域如同战场，局面瞬息万变，稍不注意就可能造成致命失误，带来不可预计的后果。将党的领导全面融入经济工作中，可以最大限度地发挥马克思主义的科学性，关键时刻保持住前进的态势，找到解决具体问题的方法。

第四章　心无旁骛攻主业——坚持集中精力办好自己的事

凯恩斯有句名言——"从长远看，我们都已死去"，概括了宏观经济学的政策性特征。我们当然要解决眼下问题，发挥政策的作用，但是如果失去了方向，甚至方向错误，就可能导致只顾眼前利益而忽视长远发展的情况出现。凯恩斯或许没有错，但是若结合马克思对资本主义经济和经济学的批判，我们应当更为全面理解他这句话背后的实质。我们社会主义国家的经济政策在解决现实问题的过程中，必须始终在党的领导下体现社会主义的本质、人民的立场等，以长远眼光保证经济工作的本质方向不偏离。

（二）坚持党的领导，确保经济工作始终顺应历史发展趋势

"世界潮流，浩浩荡荡，顺之者昌，逆之者亡。"我们党团结带领中国人民所取得的革命胜利果实和发展成就在于顺应人类历史发展的趋势。如前文多次所言，当今世界正面临百年未有之大变局，中华民族伟大复兴战略全局正在推动世界秩序重建，中国式现代化正在助力人类文明新形态。在这一关键时期，只有坚持党的领导，才能发挥集体智慧，确保我们的各项工作顺应历史发展的大势。

我国的经济工作作为顺应历史发展趋势的核心工作，相关主体肩负着极其重大的历史责任。在这种情形之下，个别主体难免因各种主客观因素的影响丧失判断能力，作出错误的选择和判断。这就要求我们发挥党组织战斗堡垒的作用，及时纠正可能出现的错误，确保经济工作顺应历史发展趋势。那么，如何做到呢？这就要求每个经济工作的主体充分接受、认同以党的领导为核心的经济工作治理体系。比如，国企党组织必须落实"三重一大"决策制度，要充分发挥国企党委（党组）"把方向、管大局、保落实"的领导作用（具体到中央企业党委或党组，则是要发挥其"把方向、管大局、促落实"的领导作用）。

（三）坚持党的领导，办好经济工作的大事

中国共产党作为马克思主义政党，始终将马克思主义作为自己的指导思想，将马克思主义的方法论融入自己的各项工作之中。在百余年的奋斗历程中，中国共产党逐渐开辟了一条属于自己的经济工作路线。虽然每一个历史时期的中心任务都不同，但中国共产党一直没有忽视经济工作的重要性，即使在革命初期和战争年代，依然在根据地进行经济工作实践，为革命胜利提供物质基础，为新中国的经济工作积累经验。这些经验有很多，而坚持党对经济工作的领导是核心。

其一，保证主观能动性的集中。如前所述，经济工作是发挥主观能动性与尊重客观规律性的有机统一，但经济和经济工作是人类活动，因此，发挥好主观能动性是经济工作有效进行的重要方面。党的领导可以凝聚经济工作共识，在重大问题上充分发挥民主集中制的制度优势，避免权力分散导致时机丧失。"凝聚共识"不是一句空话，既要在经济工作中充分听取各方的意见和建议，又要确保党的指导地位，尤其在关键时刻要"一锤定音"。

第四章　心无旁骛攻主业——坚持集中精力办好自己的事

其二，保证经济工作各个主体始终保持团结奋斗。在凝聚共识的基础上，主观能动性的集中就体现在经济工作各个主体始终保持团结奋斗上。党的二十大报告的题目、主题和内容处处体现团结奋斗，尤其强调党的领导"确保我国社会主义现代化建设正确方向，确保拥有团结奋斗的强大政治凝聚力、发展自信心，集聚起万众一心、共克时艰的磅礴力量"[①]。显然，我们的经济工作应当以此为指引，进一步发挥民主集中制的优势，将经济工作的共识转化为团结奋斗的实践。

此外，前面已经分析了经济工作要办哪些大事，而办好这些大事决不可以掉以轻心，需要在凝聚共识的基础上，将团结奋斗落实到每一个工作细节中，这就需要每个主体都深刻践行"螺丝钉精神"，明确经济工作中的大事离不开每一个人。

二、保持战略定力，谋定而后动

战略统观大局，催生变局，塑造格局，战略本身就意味着战略思维。运用好战略思维是一项系统性工程，有一个关键性环节，那就是要保持足够的战略定力，做到谋定而后动。要想真正集中精力办好经济工作中的大事，在坚持党的领导的前提下，就要做到保持战略定力。

---

① 习近平：《高举中国特色社会主义伟大旗帜　为全面建设社会主义现代化国家而团结奋斗——在中国共产党第二十次全国代表大会上的报告》，人民出版社2022年版，第26—27页。

(一) 问题不会马上解决,要做好长期准备

中华民族伟大复兴的趋势不可阻挡,但这并不表示我们可以"躺平"甚至"躺赢"。众所周知,目前改革早已进入了深水区,各种矛盾错综复杂,加之当前发展不平衡、不充分,内外问题越发突出。当前经济工作中所面临的问题不再仅仅是需要"摸着石头过河",更需要静下来驻足反思。改革开放初期,经济发展还可以不断试错,而当前经济的体量、发展程度、发展水平等决定了我们处理问题和作决策的时候要提高警惕,稍有不慎将没有回头路。我们所面临的问题是前现代、现代和后现代叠加的问题,不可能一夜之间全部解决。做经济工作应当时刻以此为"达摩克利斯之剑",戒骄戒躁,防止过度乐观。对此,习近平总书记指出,"不能安于现状、盲目乐观,不能囿于眼前、轻视长远,不能掩盖矛盾、回避问题"[①]。

(二) 具备战略眼光,不掉进别人的陷阱

保持战略定力更为直接的表现应当是以战略眼光审视所有问题,安排所有工作,坚持独立自主和以我为主,不被外在因素影响,时刻保持清醒的头脑。必须认识到,虽然当今世界短时间内爆发大规模冲突的可能性并不大,但是,我们的主要战略竞争对手作为旧有利益体系的维护者,不会主动给世界人民交出发展的主导权。作为世界正义

---

① 《习近平关于党风廉政建设和反腐败斗争论述摘编》,中国方正出版社、中央文献出版社2015年版,第9页。

和进步力量的代表,中国走出的每一步都被别人盯着。他们当前尚不敢冒天下之大不韪,以暴力的方式遏制中国的发展和中华民族伟大复兴,却以各种间接、隐蔽、伪装的方式对我们进行战略遏制。他们深知从多个方面打击中国经济发展的战略价值,试图以伪善的价值观和意识形态包装其不可告人的手段,有意诱导中国经济步入其设计的圈套里面。对此,我们必须有所戒备,不被某些声音引诱,小心被某些势力"捧杀",防备掉进陷阱之中。当然,这并不是说我们要故步自封,听不进去任何有益的建议。他山之石,可以攻玉。对于那些友好的、真正有益的建议,我们应当充分尊重和吸收借鉴;对于那些尖锐但具有建设性的想法,更应当虚心接受和采纳。

(三)稳扎稳打,协调配合,循序渐进,把握好节奏与力度

保持战略定力并不是说要静止不动,而是要充分了解大局、掌控大局,综合研判各种因素,做到稳中求变、稳中取胜。这是一门艺术,需要在心态上不骄不躁,克服各种不当心理状态。对于经济工作而言,应当铭记"发展才是硬道理",而发展需要稳定的内外环境。因此,我们应从大局出发,保证经济发展的中心任务顺利开展,综合协调各种关系、各类要素、各种资源为中心任务服务,避免某些突发性问题打乱改革发展的节奏。当然,这并不是教条,需要具体问题具体分析。"稳定压倒一切"并不意味着故步自封,刻舟求剑。我们必须知道,长期的稳定状态并不是一成不变的,该作出改变的时候仍然

不变将丧失发展机遇。节奏如何把握,力度如何分配,不是一朝一夕之功,教科书更不可能给出标准答案,需要每一个经济工作的责任主体积极学习,广泛调研,综合分析,结合自身和本领域、本地区、本行业的具体情况找到适合的方式方法。

(四)抓住机遇,伺机而动,厚积薄发

保持战略定力除了求稳,在时机成熟的时候必须求变。如何求变?怎样求变?当然是要抓住机遇,伺机而动,厚积薄发。前面提到,机遇与挑战并存,这就需要我们充分熟悉经济工作,对经济工作肯下苦功夫、笨功夫,采取传统和信息技术相结合的方式方法,及时关注经济社会发展的最新态势,主动探寻新的发展动能、新的前进方向、新的增长领域。不过,需要特别注意的是,我们不能为了寻找机遇而寻找机遇。机遇有其客观发展规律,只有量变才能引起质变,厚积才能薄发。平时不练好基本功,不脚踏实地,打着寻找机遇的幌子做工作,是难以成事的。此外,抓住机遇必须做到"稳""准""狠",如同前面所讲的狙击一样,追求"一击毙命",正所谓"机不可失,时不再来"。

三、坚定必胜信心,凝聚奋斗动力

战略思维不仅表现为依据客观条件通盘谋划、科学决策,更需要在主观层面对大局、变局和格局有信心,进而当机立断、把握机遇。

战略自信是战略思维的重要组成部分,有其独特的生成逻辑。

第一,战略自信根源于新时代中国特色社会主义伟大实践,"四个自信"生发战略自信。党的十八大以来,党和国家事业取得历史性成就、发生历史性变革。事实证明,中国特色社会主义道路是中华民族伟大复兴的康庄大道,中国化时代化马克思主义尤其是习近平新时代中国特色社会主义思想是指引我们前进的正确思想,中国特色社会主义制度是独具优势的科学制度,中国特色社会主义先进文化是彰显时代精神的优秀文化。"四个自信"是时代的产物,是新时代中国特色社会主义伟大实践的主观表达。"四个自信"直接生发战略自信,为战略自信注入勇气。

第二,战略自信厚植于中华民族的悠久历史与党的光辉历史,历史自信坚定战略自信。习近平总书记多次强调,"当今世界,要说哪个政党、哪个国家、哪个民族能够自信的话,那中国共产党、中华人民共和国、中华民族是最有理由自信的"[1]。"中国共产党人的历史自信,既是对奋斗成就的自信,也是对奋斗精神的自信。"[2] 中国共产党顺应时代发展,满足人民需要,把马克思主义基本原理同中国具体实际相结合、同中华优秀传统文化相结合,团结带领中国人民实现从站起来、富起来到强起来的伟大飞跃,形成了独属中国共产党人的历史自信,而历史自信激发战略自信。

---

[1] 习近平:《以史为鉴、开创未来 埋头苦干、勇毅前行》,《求是》2022年第1期。
[2] 习近平:《以史为鉴、开创未来 埋头苦干、勇毅前行》,《求是》2022年第1期。

第三,战略自信深耕于中国人民的美好生活与民族自尊,人民至上稳固战略自信。中国人民是伟大的人民,是中国历史的创造者,是坚持和发展新时代中国特色社会主义的力量之源。新时代我国社会主要矛盾的变化要求我们的各项工作都要以满足人民的美好生活需要为目标。民族自尊是中国人民继往开来的重要精神支撑。中国共产党团结带领中国人民重新获得了世界的认可与肯定,使中国人民的民族自尊空前高涨,使之成为中国人民奋勇向前的信心所在。人民至上为战略自信增添骨气。

四、发挥斗争精神,掌握命运主动权

坚持集中精力办好自己的事,根本上而言就是掌握自己的命运。掌握自己的命运就要掌握发展的主动权和主导权,但发展的主动权和主导权并不是与生俱来的,需要我们自己主动争取,这就需要充分发挥斗争精神。

毛泽东在《论持久战》中指出:"抗战十个月以来,一切经验都证明下述两种观点的不对:一种是中国必亡论,一种是中国速胜论。前者产生妥协倾向,后者产生轻敌倾向。他们看问题的方法都是主观的和片面的,一句话,非科学的。"[1] 他的这种判断在今天依然具有十分重要的指导意义。这两种观点都是不可取的。前一种观点本质上是

---

[1] 《毛泽东选集》第2卷,人民出版社1991年版,第440—441页。

第四章 心无旁骛攻主业——坚持集中精力办好自己的事

投降主义，后一种观点实际上是主观主义。在经济工作上，一定要避免这两种观点占据主导地位。

（一）敢于斗争，敢于胜利

党在总结自己百年奋斗经验时深刻指出："敢于斗争、敢于胜利，是党和人民不可战胜的强大精神力量。党和人民取得的一切成就，不是天上掉下来的，不是别人恩赐的，而是通过不断斗争取得的。党在内忧外患中诞生、在历经磨难中成长、在攻坚克难中壮大，为了人民、国家、民族，为了理想信念，无论敌人如何强大、道路如何艰险、挑战如何严峻，党总是绝不畏惧、绝不退缩，不怕牺牲、百折不挠。只要我们把握新的伟大斗争的历史特点，抓住和用好历史机遇，下好先手棋、打好主动仗，发扬斗争精神，增强斗争本领，凝聚起全党全国人民的意志和力量，就一定能够战胜一切可以预见和难以预见的风险挑战。"[1]

面对困难与挑战，如果连敢于斗争和"亮剑"的勇气都没有，就只能受制于人，缴械投降。狭路相逢勇者胜，要么被困难与挑战打败，要么就打败困难与挑战。敢于斗争和敢于胜利并不是闭眼往前冲，而是在讲求策略和方法的基础上迎难而上。

---

[1] 《中共中央关于党的百年奋斗重大成就和历史经验的决议》，人民出版社2021年版，第69—70页。

（二）守正创新，勇于创新

我们不仅要敢于斗争，还要善于斗争，而善于斗争的关键在于创新。

当代社会的创新缘起于经济学。著名经济学家约瑟夫·熊彼特在其1912年出版的《经济发展理论》中提出了"创新"这一概念。但这一概念长时间被误读。熊彼特所言之"创新"同经济发展直接相关。他明确提出，经济增长并不是经济发展。创新的根本目的应当是促进经济发展。他的这一看法同马克思主义政治经济学具有一致性。

我们当前谈创新，无论是经济领域还是其他领域，都不应当是为了新而新，都应以真正促进发展为目标。因此，我们的经济工作不可盲目求新，必须做到守正创新。

习近平新时代中国特色社会主义思想的世界观与方法论教导我们："必须坚持守正创新。我们从事的是前无古人的伟大事业，守正才能不迷失方向、不犯颠覆性错误，创新才能把握时代、引领时代。我们要以科学的态度对待科学、以真理的精神追求真理，坚持马克思主义基本原理不动摇，坚持党的全面领导不动摇，坚持中国特色社会主义不动摇，紧跟时代步伐，顺应实践发展，以满腔热忱对待一切新生事物，不断拓展认识的广度和深度，敢于说前人没有说过的新话，敢于干前人没有干过的事情，以新的理论指导新的实践。"[①] 我们的经

---

① 习近平：《高举中国特色社会主义伟大旗帜　为全面建设社会主义现代化国家而团结奋斗——在中国共产党第二十次全国代表大会上的报告》，人民出版社2022年版，第20页。

济工作应当以此为遵循，以创新的观念和创新的方法推动经济工作发展。

（三）激发历史主动精神，把握历史主动

掌握自己的命运应当具有深刻的历史感，以历史思维助力自身主观能动性的实现与延伸。中华民族和中国人民是独立于世的，我们的历史主动精神内置于独立自主之中。经济工作十分需要激发历史主动精神，把握历史主动。

毛泽东指出："谁是我们的敌人？谁是我们的朋友？这个问题是革命的首要问题。中国过去一切革命斗争成效甚少，其基本原因就是因为不能团结真正的朋友，以攻击真正的敌人。革命党是群众的向导，在革命中未有革命党领错了路而革命不失败的。我们的革命要有不领错路和一定成功的把握，不可不注意团结我们的真正的朋友，以攻击我们的真正的敌人。"[①]

今天的斗争虽然不能再简单划分所谓敌人，但是，需要明确自身与他者的界限，真正弄清楚谁与我们的立场一致，谁与我们的立场不同，谁是真正可以团结的对象，谁是可以部分团结的对象等。只有这样，才能真正凝聚起团结的力量。

[①] 《毛泽东选集》第1卷，人民出版社1991年版，第3页。

五、坚持辩证思维，全面而有重点

经济工作千千万，但是有主线工作。主线工作做好了，整体工作才可以更好开展。同时，重点工作内部也有侧重，本身也是"重点论"与"两点论"的统一。

以党的二十大精神为指引，联系当前所面临的具体问题可知，我们在经济发展方面应做好以下几件大事。

其一，提升经济发展质量。我国经济发展已由高速增长阶段转向高质量发展阶段，提升经济发展的质量是当前经济发展的重大课题。对此，我们必须深入贯彻和落实新发展理念，充分发挥创新第一动力的作用。从宏观上，继续深入推进供给侧结构性改革，在微观上要查找短板并补齐短板，推动经济质量变革、效率变革和动力变革。还要注意经济发展过程中的"含绿量"，扎实落实"双碳"目标，牢固树立和践行绿水青山就是金山银山的理念。

其二，构建新发展格局和建设现代化经济体系，推进新型工业化、信息化、城镇化、农业现代化。要充分认识清楚，构建新发展格局是把握未来发展主动权的战略性布局，建设现代化经济体系具有发展的全局性意义。为此，要把中国式现代化的新思想新理念新方法全面融入新型工业化、信息化、城镇化和农业现代化的过程中，紧紧立足于实体经济，处理好经济发展的"虚""实"关系，使经济实力既具有硬度也具有弹性。要坚持扩大内需这个战略基点，以国内大循环为主体、国内国际双循环相互促进。要全面推进乡村振兴和区域协调发展，着力解决不平衡不充分的问题。

其三，进一步完善社会主义市场经济体制。要继续坚持和完善社会主义基本经济制度，毫不动摇巩固和发展公有制经济，毫不动摇鼓励、支持、引导非公有制经济发展，处理好公有制经济与非公有制经济之间的关系，处理好国有企业和非国有企业之间的关系；坚持按劳分配为主体、多种分配方式并存，优化分配，促进分配正义，激发经济发展各个主体的积极性与创造性；处理好市场与政府之间的辩证关系，充分发挥市场在资源配置中的决定性作用，更好发挥政府作用。在此基础上，完善要素市场化配置体制机制，健全以公平为核心原则的产权保护制度，优化投资，营造公平、透明、法治的营商环境。要充分发挥政府科学宏观调控的作用，坚持"宏观审慎"的原则。还要特别注意资本在社会主义市场经济发展过程中的作用，发挥其作为生产要素的积极作用，为其设置"红绿灯"，依法规范和引导其健康发展。

其四，坚定不移扩大开放。要避免将对外开放和扩大内需战略支点之间对立起来，处理好新发展格局下的内外发展关系，建设更高水平开放型经济新体制。以推动共建"一带一路"为抓手，提升对外开放的质量，推动经济全球化朝着更加开放、包容、普惠、平衡、共赢的方向发展。

其五，解决各类重大急迫问题。重大急迫问题来势汹汹且危害巨大，如新冠疫情、国际金融危机等。这类问题影响经济社会的稳定发展，必须提高解决这些问题的能力。要充分认识到，这类问题往往涉及国家安全，关乎国家长治久安。因此，要树立总体国家安全观，统筹发展与安全之间的辩证关系。

其六，扎实落实以人民为中心的发展思想。我们的经济工作根本上是为了人民，这是由社会主义的本质决定的。因此，在消灭绝对贫困之后，要不断推进共同富裕，提高人民收入水平和生活幸福感，满足人民美好生活需要。具体而言，要完善分配制度，实施就业优先战略，健全社会保障体系，推进健康中国建设，保护美好生态。要特别注重解决人民群众最为关心的住房、医疗、教育和养老问题。

六、坚持底线思维，从容应对风险

底线是人类社会基本秩序的表征，没有了底线，秩序将荡然无存。我们的经济工作必须有底线，否则将产生不可挽回的后果。习近平总书记指出："凡事从坏处准备，努力争取最好的结果，这样才能有备无患、遇事不慌，牢牢把握主动权。"[1] 实际上，坚持辩证思维与坚持底线思维是内在统一的："我们要坚持'两点论'，一分为二看问题，既要看到国际国内形势中有利的一面，也看到不利的一面，从坏处着想，做最充分的准备，争取较好的结果。"[2] 上一节分析

---

[1] 《习近平总书记系列重要讲话读本（2016年版）》，学习出版社、人民出版社2016年版，第288页。
[2] 《习近平谈治国理政》第1卷，外文出版社2018年版，第111页。

了当前所面临的风险与挑战，在此不再赘述。那么，在经济工作中如何坚持底线思维以从容应对风险呢？

（一）明确党纪国法底线

经济工作是腐败的高发区，经济工作中的权力滥用往往与权力寻租有关。习近平总书记强调："受警醒、明底线、知敬畏，主动在思想上划出红线、在行为上明确界限，真正敬法畏纪、遵规守矩。"[①] 党纪国法是经济工作中不可逾越的底线，是底线中的底线。经济领域中的权力寻租所导致的腐败危害极深，严重影响经济社会的发展。有种观点认为，腐败者往往能力更强，更能办事。这是明显错误的，因为腐败者办的是为自己谋利的事，不是为人民服务的事，不是推动实现中华民族伟大复兴的事。因此，经济工作必须严格遵守党纪国法，严守这一不可触碰的底线。

（二）明确目标底线

任何工作都有目标，经济工作的目标是进行经济工作的方向，如果不明确目标底线，则容易迷失方向，造成不可估量的损失。有种观点认为，经济工作只要坚守党纪国法而不腐败就可以高枕无忧。这种观点同样是错误的。尸位素餐者心里没有目标底线，往往造成懒政、庸政。虽然表面上没有触碰红线，但是给经济工作带来的不良影响不

---

① 《习近平关于党风廉政建设和反腐败斗争论述摘编》，中国方正出版社、中央文献出版社2015年版，第148页。

亚于腐败。

明确目标底线还有一个重要方面，就是要做好经济工作的最坏目标预期。做最充足的准备，做最坏的打算，是进行重大经济工作的基本策略。新冠疫情给我们带来了诸多经验和教训，就说明了这一基本策略的现实意义。只有以最充足的准备做最坏的打算，才能在主观期求和客观条件之间找到平衡点，避免两者之间反差较大带来的系统性问题。

（三）明确能力底线

经济工作需要综合性素养。我们应当深知"木桶效应"，必须使自身工作没有明显短板。这是必须明确的能力底线。有些工作能力在平时可能用不到，但并不意味着不重要。比如，有些时候我们习惯打"顺风球"，认为经济会一直实现增长。而一旦面临突发情况，出现经济负增长的短期波动，可能就会手足无措。明确能力底线，需要我们不断学习，坚持思考，通过专业培训、社会实践等方式提升工作能力。

（四）明确价值底线

经济工作是光荣的事业，因为它是为人民服务的。人民性是马克思主义最鲜明的品格，人民立场是马克思主义的根本政治立场。习近平总书记在党的二十大报告中强调："江山就是人民，人民就是江山。中国共产党领导人民打江山、守江山，守的是人民的心。治国有常，利民为本。为民造福是立党为公、执政为民的本质要求。必须坚持在发展中保障和改善民生，鼓励共同奋斗创造美好生活，不断实现人民对美好生活的向往。""我们要实现好、维护好、发展好最广大人民根本利益，紧紧抓住人民最关心最直接最现实的利益问题，坚持尽力而为、量力而行，深入群众、深入基层，采取更多惠民生、暖民心举措，着力解决好人民群众急难愁盼问题，健全基本公共服务体系，提高公共服务水平，增强均衡性和可及性，扎实推进共同富裕。"[①]这是我们党始终坚持群众观点、群众路线的体现。

此外，坚持底线思维，还应当注意对上述底线的测评，确保在经济工作中得到切实执行。这是将党纪国法底线、目标底线、能力底线和价值底线具体化的过程，需要结合工作实际制订方案，以促使最优政策组合获得最大的整体效果。

---

① 习近平：《高举中国特色社会主义伟大旗帜　为全面建设社会主义现代化国家而团结奋斗——在中国共产党第二十次全国代表大会上的报告》，人民出版社2022年版，第46页。

第五章 一张蓝图绘到底

——坚持以钉钉子精神抓落实

求真务实、真抓实干是中国共产党的优良传统和工作作风。习近平总书记用钉钉子的形象比喻强调了在实际工作中如何抓落实。实际上，从他在福建工作时提出来的"滴水穿石""弱鸟先飞""功成不必在我""马真精神""晋江经验"等实践精神，到浙江工作期间的重要讲话摘编《干在实处　走在前列：推进浙江新发展的思考与实践》中的重要思想，包括到上海工作期间求真务实的工作作风，都呈现出对各方面工作坚持以钉钉子精神抓落实和强调实干精神。

第一节
强调真抓实干，始终是中国共产党的优良传统

《习近平经济思想学习纲要》中特别强调：空谈误国，实干兴邦。强调真抓实干，始终是中国共产党的优良传统。习近平总书记形象地指出，抓落实就好比在墙上敲钉子：钉不到点上，钉子要打歪；钉到了点上，只钉一两下，钉子会掉下来；钉个三四下，过不久钉子仍然会松动。要一锤一锤接着敲，直到把钉子钉实钉牢，钉牢一颗再钉下一颗，不断钉下去，必然大有成效。干事业就要有钉钉子精神，抓铁有痕、踏石留印，提高抓落实能力，稳扎稳打向前走，过了一山再登

一峰，跨过一沟再越一壑，不断通过化解难题开创工作新局面。

一、从"马真精神"到"求真务实、真抓实干"

习近平同志当年在福建工作期间一直倡导的"马上就办、真抓实干"的工作要求，被大家称为"马真精神"。① 这一作风深深刻在了福建干部、群众的心中。

其一，时任福建省经贸委主任黄瑞霖讲道，习近平同志刚到福州工作的第一件事就是理顺班子，抓干部队伍建设，狠抓落实，建立督查机构和督促机制。比如，一个重要报告呈上来了，他会马上召集开会，充分探讨之后，该干的就拍板，成立领导小组，拨钱，从不搁置、拖沓。很多具体工作的领导小组都是他亲自挂帅、亲自抓、亲自督促，同时，他也负最大的责任。②

其二，据时任福建省人大常委会主任袁启彤回忆，习近平同志在一次省人大会议上斩钉截铁地讲："我一定牢牢记住政府前面的'人民'两个字。"因此，他主持省政府工作后，把担任福州市委书记期间抓的那些与人民群众利益密切相关的工作范围扩大到全省。比如"马上就办、真抓实干"、"一栋楼办公"、治理"餐桌污染"等工作都在全省部署并持续深化。③

其三，据时任福建省副省长曹德淦回忆，习近平同志对大局和形

---

① 参见《习近平在福州》，中共中央党校出版社2020年版，第95页。
② 参见《习近平在福建》（上），中共中央党校出版社2021年版，第91页。
③ 参见《习近平在福建》（上），中共中央党校出版社2021年版，第61—62页。

势的把握非常准确，做事情有大思路，眼界开阔，站位很高。他作为班长，对班子成员既充分信任又大力支持，帮你想办法，解决难题，有担当。习近平同志还有一个特点，就是善于把问题放在会议上讨论，充分发扬民主。比如，他担任省长那几年，每年都花许多时间，亲自主持讨论改善优化外商投资营商环境问题，让大家充分发表意见和建议，做到知无不言、言无不尽。[1]

党的十八大以来，习近平总书记在很多场合多次提倡发扬"求真务实、真抓实干"的工作作风。

2018年初，习近平总书记在新进中央委员会的委员、候补委员和省部级主要领导干部学习贯彻习近平新时代中国特色社会主义思想和党的十九大精神研讨班开班式上的讲话中强调："要把我们党建设好，必须抓住'关键少数'。中央委员会成员和省部级主要领导干部必须做到信念过硬，带头做共产主义远大理想和中国特色社会主义共同理想的坚定信仰者和忠实实践者；必须做到政治过硬，牢固树立'四个意识'，在思想政治上讲政治立场、政治方向、政治原则、政治道路，在行动实践上讲维护党中央权威、执行党的政治路线、严格遵守党的政治纪律和政治规矩；必须做到责任过硬，树立正确政绩观，发扬求真务实、真抓实干的作风，以钉钉子精神担当尽责，真正做到对历史和人民负责；必须做到能力过硬，不断掌握新知识、熟悉新领

---

[1] 《习近平在福建》（上），中共中央党校出版社2021年版，第120—121页。

域、开拓新视野，全面提高领导能力和执政水平。"①

2019年5月31日，习近平总书记在"不忘初心、牢记使命"主题教育工作会议上指出："抓落实，就是要把新时代中国特色社会主义思想转化为推进改革发展稳定和党的建设各项工作的实际行动，把初心使命变成党员干部锐意进取、开拓创新的精气神和埋头苦干、真抓实干的自觉行动，力戒形式主义、官僚主义，推动党的路线方针政策落地生根，推动解决人民群众反映强烈的突出问题，不断增强人民群众获得感、幸福感、安全感。"②

2019年8月26日，习近平总书记在中央财经委员会第五次会议上，讲到关于新形势下促进区域协调发展的思路问题，尤其强调了保障民生底线几个务实性的细节问题："区域协调发展的基本要求是实现基本公共服务均等化，基础设施通达程度比较均衡。要完善土地、户籍、转移支付等配套政策，提高城市群承载能力，促进迁移人口稳定落户。促进迁移人口落户要克服形式主义，真抓实干，保证迁得出、落得下。要确保承担安全、生态等战略功能的区域基本公共服务均等化。"③

这几段论述至少为我们明确了抓落实的三个重要方面：一是"关键少数"必须带头具有"四个意识"，做到求真务实、真抓实干、敢于担责、终身学习，提高自己的执政水平；二是力戒形式主义、官僚

---

① 《习近平谈治国理政》第3卷，外文出版社2020年版，第72页。
② 《习近平谈治国理政》第3卷，外文出版社2020年版，第524页。
③ 《习近平谈治国理政》第3卷，外文出版社2020年版，第272页。

主义，把初心使命转化成埋头苦干、真抓实干的自觉行动；三是克服形式主义，就是在落实细节上做到真抓实干的可执行性。

同时，习近平总书记对经济工作的"真抓实干"提出了新的要求："现在，我国发展领域不断拓宽、分工日趋复杂、形态更加高级、国际国内联动更加紧密，对党领导发展的能力和水平提出了更高要求。无论是分析形势还是作出决策，无论是破解发展难题还是解决涉及群众利益的问题，都需要专业思维、专业素养、专业方法。那种习惯于拍脑袋决策、靠行政命令或超越法律法规制定特殊政策的做法，已经很难适应新形势新任务的需要。要更加注重对国内外经济形势的分析和预判，完善决策机制，注重发挥智库和专业研究机构作用，提高科学决策能力，确保制定的重大战略、出台的重要政策措施符合客观规律。要更加自觉地运用法治思维和法治方式来深化改革、推动发展、化解矛盾、维护稳定，依法治理经济，依法协调和处理各种利益问题，避免埋钉子、留尾巴。要发挥政治优势，加强思想政治工作，创新群众工作体制机制和方式方法，及时了解群众利益诉求，及时解决群众思想认识问题和现实利益问题。各级领导干部要加强学习，加强调研思考，加强实践历练，增强把握和运用市场经济规律、社会发展规律、自然规律的能力，努力成为领导经济社会发展的行家里手。"①

---

① 习近平：《论把握新发展阶段、贯彻新发展理念、构建新发展格局》，中央文献出版社2021年版，第52—53页。

第五章　一张蓝图绘到底——坚持以钉钉子精神抓落实

这段话明确指出了进行真抓实干的四个核心问题：一是各级领导干部都需要与时俱进深入学习，提高自己的专业能力和决策水平；二是注重发挥智库和专业研究机构的作用，提高决策能力，确保重大战略和重要决策符合客观规律；三是善于运用法治思维和法治方式处理各种矛盾问题；四是发挥政治优势，创新群众工作体制机制和方式方法，成为领导经济发展的行家里手。

二、发扬钉钉子精神，一步一个脚印向前迈进

党的十八大以来，我国经济发展的现实更加要求全党各级领导干部必须发扬钉钉子精神，一步一个脚印向前迈进。习近平总书记指出："贯彻稳中求进工作总基调。我国经济发展进入新常态，要求我们从实际出发，尊重客观规律，通过科学方法贯彻各项大政方针。我们强调要保持战略定力，稳中求进的根本点在于稳定大局、不断进取。我国经济经历了长期繁荣，创造了发展奇迹，进入深度调整阶段必然带来阵痛，甚至伤筋动骨。要认清大势、从容不迫。我们强调要坚持问题导向、底线思维，防患于未然、防患于萌发之时，制定政策的前提是针对问题、开准药方，充分估计最坏的可能性，同时通过工作确保不出现最坏的情景，坚决守住金融风险、社会民生、生态环境等底线。坚持实事求是、冷静客观是真正的自信，对最坏的情景一旦心中有数，就能迎难而上、化危为机，天塌不下来。我们强调要坚持功成不必在我，敢于担当、锐意改革，既认识解决经济社会发展中一

些长期存在的难题需要久久为功，又不能畏首畏尾，把问题留给后人，要抓铁有痕、踏石留印，发扬钉钉子精神，一步一个脚印向前迈进。"①

这段论述明确了三个关键导向：一是我们要从实际出发，尊重客观规律，认识到我国经济发展经历了长期繁荣已经进入新常态；二是要有底线思维，从容不迫认识到经济进入深度调整阶段必然带来阵痛，甚至伤筋动骨；三是要坚持功成不必在我，敢于担当，踏石留印、抓铁有痕。

同时，要进一步推动经济持续健康发展，必须坚持正确的工作策略和方法。习近平总书记强调："我们坚持稳中求进工作总基调，正确处理经济发展中稳和进的关系，把握宏观调控的度，提高宏观调控的针对性和精准度。我们保持战略定力、坚持久久为功、坚持底线思维，充分考虑困难和问题，做好应对最坏情况的准备，发扬钉钉子精神，积小胜为大胜，一步一个脚印向前迈进，坚决防范各种风险特别是系统性风险。"②

另外，针对如何真抓实干，践行以人民为中心的发展思想，习近平总书记在深圳经济特区建立 40 周年庆祝大会上指出："中国共产党根基在人民、血脉在人民。人民对美好生活的向往就是我们的奋斗

---

① 习近平：《论把握新发展阶段、贯彻新发展理念、构建新发展格局》，中央文献出版社 2021 年版，第 132 页。
② 习近平：《论把握新发展阶段、贯彻新发展理念、构建新发展格局》，中央文献出版社 2021 年版，第 213 页。

目标。经济特区改革发展的出发点和落脚点都要聚焦到这个目标上来。""生活过得好不好,人民群众最有发言权。要从人民群众普遍关注、反映强烈、反复出现的问题出发,拿出更多改革创新举措,把就业、教育、医疗、社保、住房、养老、食品安全、生态环境、社会治安等问题一个一个解决好,努力让人民群众的获得感成色更足、幸福感更可持续、安全感更有保障。要尊重人民群众首创精神,不断从人民群众中汲取经济特区发展的创新创造活力。要把提高发展平衡性放在重要位置,不断推动公共资源向基层延伸,构建优质均衡的公共服务体系,建成全覆盖可持续的社会保障体系。要毫不放松抓好常态化疫情防控,认真总结经验教训,举一反三补齐公共卫生短板。"①

新时代新征程新要求,经济工作必须坚持以人民为中心的发展思想,坚持稳中求进工作总基调,坚持底线思维,发扬钉钉子精神,积小胜为大胜,一步一个脚印向前迈进。

三、提高抓落实能力

在具体工作实践中提高抓落实能力,是对新时代党员干部的迫切要求。

2011年3月1日,习近平同志在中央党校春季学期开学典礼上的讲话中特别强调了"关键在于落实"的五个方面:一是充分认识抓落

---

① 习近平:《论把握新发展阶段、贯彻新发展理念、构建新发展格局》,中央文献出版社2021年版,第412、412—413页。

实在党的领导工作中的重要意义；二是抓落实必须牢固树立党的宗旨意识和正确政绩观；三是抓落实必须具有知难而进、锲而不舍的奋斗精神；四是抓落实必须发扬求真务实、真抓实干的优良作风；五是抓落实必须树立正确的用人导向和形成完善的工作机制。他特别指出："我们的所有成就，都是干出来的。这里的关键，就是始终注重抓落实。如果落实工作抓得不好，再好的方针、政策、措施也会落空，再伟大的目标任务也实现不了。因此，抓落实是领导工作中一个极为重要的环节，是党的思想路线和群众路线的根本要求，也是衡量党员领导干部世界观正确与否和党性强不强的一个重要标志。"[1]

2014年2月17日，习近平总书记在省部级主要领导干部学习贯彻十八届三中全会精神全面深化改革专题研讨班上的讲话中提出："在贯彻落实上，要防止徒陈空文、等待观望、急功近利，必须有时不我待的紧迫意识和夙夜在公的责任意识抓实、再抓实。改革是循序渐进的工作，既要敢于突破，又要一步一个脚印、稳扎稳打向前走，确保实现改革的目标任务。全面深化改革是立足国家整体利益、根本利益、长远利益进行部署的，要注意避免合意则取、不合意则舍的倾向，破除妨碍改革发展的那些思维定势。对党和人民事业有利的，对最广大人民有利的，对实现党和国家兴旺发达、长治久安有利的，该改的就要坚定不移改，这才是对历史负责、对人民负责、对国家和民

---

[1] 习近平：《关键在于落实》，《求是》2011年第6期。

第五章 一张蓝图绘到底——坚持以钉钉子精神抓落实

族负责。"① 同年8月,他在纪念邓小平同志诞辰110周年座谈会上的讲话中指出:"进入改革开放新时期,邓小平同志更加强调坚持彻底的求真务实精神。……正是因为具有这种彻底的求真务实精神,邓小平同志果断从容处理了党和国家面对的一系列重大问题,指导党和人民劈波斩浪开创了党和国家事业新局面。""事实是真理的依据,实干是成就事业的必由之路。这也是'空谈误国,实干兴邦'的真谛。"② 以上论述可以明确看到他对提高抓落实能力的三点要求:一是要明确改革是循序渐进的工作,既要敢于突破,又要一步一个脚印、稳扎稳打向前走;二是要破除妨碍改革发展的那些思维定式,立足国家整体利益、根本利益、长远利益进行部署;三是学习邓小平求真务实的工作精神。

2016年2月23日,习近平总书记在中央全面深化改革领导小组第二十一次会议上指出:"各地区各部门要牢固树立全局意识、责任意识,把抓改革作为一项重大政治责任,坚定改革决心和信心,增强推进改革的思想自觉和行动自觉,既当改革促进派、又当改革实干家,以钉钉子精神抓好改革落实,扭住关键、精准发力,敢于啃硬骨头,盯着抓、反复抓,直到抓出成效。"③ 同年12月底,他在主持中央政治局民主生活会时提出:"党和国家事业发展,离不开全党脚踏实

---

① 《习近平谈治国理政》第1卷,外文出版社2018年版,第107页。
② 《习近平谈治国理政》第2卷,外文出版社2017年版,第7页。
③ 《习近平谈治国理政》第2卷,外文出版社2017年版,第105页。

地、真抓实干。抓工作,是停留在一般性号召还是身体力行,成效大不一样。讲实话、干实事最能检验和锤炼党性。中央政治局的同志要带头崇尚实干、狠抓落实,深入调研、精准发力,让改革发展稳定各项任务落下去,让惠及百姓的各项工作实起来。抓好落实,必须大兴调查研究之风,对真实情况了然于胸。"[1]这两段论述明确了三点要求:一是既当改革促进派,又当改革实干家,必须以钉钉子精神抓好改革落实;二是身体力行,讲实话、干实事,才能检验和锤炼党性;三是必须进行调查研究,对真实情况了然于胸,才能进一步抓好落实。

第二节 抓落实,要一张蓝图绘到底

"政贵有恒,治须有常。"为官一方,为政一时,当然要大胆开展工作、锐意进取,同时也要保持工作的稳定性和连续性。干部干事创业要树立正确政绩观,有功成不必在我的精神境界、功成必定有我的历史担当,保持历史耐心和战略定力,而不能换一届领导就兜底翻,更不能为了显示所谓政绩去另搞一套。一张好的蓝图,只要是科学的、切合实际的、符合人民愿望的,就要一茬一茬接着干,干出来的都是实绩,广大干部群众都会看在眼里、记在心里。

---

[1] 《习近平谈治国理政》第2卷,外文出版社2017年版,第190页。

第五章 一张蓝图绘到底——坚持以钉钉子精神抓落实

一、抓住"关键少数"

强调抓落实,抓住"关键少数"、牵住"牛鼻子",是习近平新时代中国特色社会主义思想的重要方法论。抓落实关键在党,关键在一支高素质的干部队伍。要紧紧抓住广大领导干部,尤其是党政高级领导干部等"关键少数",提高工作落实能力。习近平同志在2011年就撰文指出,"要注重发挥一把手的表率作用和督促作用。有了重视抓落实、善于抓落实的一把手,才能带出抓落实的好班子、好团队"[①]。紧紧强调"关键少数"抓落实的引领作用,善于抓住"关键少数",是做好经济工作的关键所在。

党的十八大以来,以习近平同志为核心的党中央在治国理政的各个方面都紧抓落实,特别强调党的领导并推行"一把手"负责制。

2018年1月5日,在新进中央委员会的委员、候补委员和省部级主要领导干部学习贯彻习近平新时代中国特色社会主义思想和党的十九大精神研讨班开班式上,习近平总书记特别强调了"关键少数"的重要作用:"必须做到作风过硬,把人民群众放在心中,广泛开展调查研究,在全心全意为人民服务中提升政治站位、提高工作能力,在真心实意向人民学习中拓展工作视野、丰富工作经验、提高理论联系实际的水平,在倾听人民呼声、虚心接受人民监督中自觉进行自我反省、自我批评、自我教育,在服务人民中不断完善自己,持之以恒

---

① 习近平:《关键在于落实》,《求是》2011年第6期。

克服形式主义、官僚主义，久久为功祛除享乐主义和奢靡之风。"①

2018年2月12日，习近平总书记在打好精准脱贫攻坚战座谈会上的讲话中指出："党的十八大以来，各省区市党政一把手向中央签军令状的，只有脱贫攻坚这一项工作。各级党政干部特别是一把手，必须增强政治担当和责任担当，以高度的历史使命感亲力亲为抓。这里，我还要强调，贫困县党委和政府对脱贫攻坚负主体责任，党政一把手是第一责任人，攻坚期内干部队伍要保持稳定，把主要精力用在脱贫攻坚上。"②

2019年7月9日，习近平总书记在中央和国家机关党的建设工作会议上强调："中央和国家机关是践行'两个维护'的第一方阵。如果党的理论和路线方针政策在这里失之毫厘，到了基层就可能谬以千里；如果贯彻落实的第一棒就掉了链子，'两个维护'在'最先一公里'就可能落空。"③

2020年1月8日，习近平总书记在"不忘初心、牢记使命"主题教育总结大会上指出："不忘初心、牢记使命，必须坚持领导机关和领导干部带头。领导机关是国家治理体系中的重要机关，领导干部是党和国家事业发展的'关键少数'，对全党全社会都具有风向标作用。"④

---

① 《习近平谈治国理政》第3卷，外文出版社2020年版，第72页。
② 《习近平谈治国理政》第3卷，外文出版社2020年版，第154页。
③ 《习近平谈治国理政》第3卷，外文出版社2020年版，第99页。
④ 《习近平谈治国理政》第3卷，外文出版社2020年版，第544页。

第五章 一张蓝图绘到底——坚持以钉钉子精神抓落实

2020年11月14日，习近平总书记在江苏南京主持召开全面推动长江经济带发展座谈会时指出："各级党委和政府领导同志特别是党政一把手要坚决落实党中央关于长江经济带发展的决策部署，坚定信心，勇于担当，抓铁有痕，踏石留印，切实把工作抓实抓好、抓出成效。"①

党的十八大以来，正是因为以习近平同志为核心的党中央高度重视"关键少数"的引领和推动作用，强调相关组织和关键人物的主体性责任，才办成了许多过去想办成而没有办成的难事。

二、树立正确政绩观

党的十八大以来，习近平总书记曾在多个场合提倡"功成不必在我"的精神。

2015年1月12日，习近平总书记在中央党校县委书记研修班学员座谈会上，针对基层干部提出了"功成不必在我"的计划执行力要求："责任就意味着尽心尽责干事。对定下来的工作部署，要一抓到底、善始善终，坚决防止走过场、一阵风。县委书记多数任职就几年，不能有临时工的思想。有的人到了县委书记岗位上，想的是反正干不长，不如弄点大动静出来，也好显示自己的能耐和政绩，为自己晋升提拔铺路。这样的观点要不得。一个县里，规划几年一变，蓝图

---

① 习近平：《论把握新发展阶段、贯彻新发展理念、构建新发展格局》，中央文献出版社2021年版，第443页。

几年一画，干不成什么事。要有'功成不必在我'的境界，一张好的蓝图，只要是科学的、切合实际的、符合人民愿望的，就要像接力赛一样，一棒一棒接着干下去。"①

2018年9月21日，习近平总书记在主持十九届中央政治局第八次集体学习时强调了实施乡村振兴战略要有"久久为功"的精神："实施乡村振兴战略是一项长期而艰巨的任务，要遵循乡村建设规律，着眼长远谋定而后动，坚持科学规划、注重质量、从容建设，聚焦阶段任务，找准突破口，排出优先序，一件事情接着一件事情办，一年接着一年干，久久为功，积小胜为大成。要有足够的历史耐心，把可能出现的各种问题想在前面，切忌贪大求快、刮风搞运动，防止走弯路、翻烧饼。"②

2019年3月1日，习近平总书记在2019年春季学期中央党校（国家行政学院）中青年干部培训班开班式上对青年干部提出："干部要想行得端、走得正，就必须涵养道德操守，明礼诚信，怀德自重，保持严肃的生活作风、培养健康的生活情趣，特别是要增强自制力，做到慎独慎微。一个人廉洁自律不过关，做人就没有骨气。要牢记清廉是福、贪欲是祸的道理，树立正确的权力观、地位观、利益观，任何时候都要稳得住心神、管得住行为、守得住清白。干部干事创业要树立正确政绩观，有功成不必在我的精神境界、功成必定有我的历史

---

① 《习近平谈治国理政》第2卷，外文出版社2017年版，第146页。
② 《习近平谈治国理政》第3卷，外文出版社2020年版，第261页。

担当，发扬钉钉子精神，脚踏实地干。"①

因此，相关领导同志在开展经济工作时一定不要急于求成，要具有"功成不必在我"的精神，尤其是要在实际工作中，找准突破口，一件事情接着一件事情办，一年接着一年干，久久为功，积小胜为大成。

此外，还要一张蓝图绘到底，一任接着一任干。俗话说"一个将军一个令，一届班子一个调"，讲的就是"新官上任三把火"全盘推翻前任的做法。这种"翻烧饼"做法是极不负责任的做法。

习近平同志在福建工作时就指出，作为领导者，既要立足当前，更要着眼长远，甘做铺垫工作，甘抓未成之事。要树立正确政绩观，要有"功成不必在我"的境界，"不贪一时之功，不图一时之名""一张蓝图绘到底""一茬接着一茬干"。

第三节 以钉钉子精神纠治"四风"

习近平总书记在党的二十大报告中指出："我们持之以恒正风肃纪，以钉钉子精神纠治'四风'，反对特权思想和特权现象，坚决整治群众身边的不正之风和腐败问题，刹住了一些长期没有刹住的歪风，纠治了一些多年未除的顽瘴痼疾。"②

---

① 《习近平谈治国理政》第3卷，外文出版社2020年版，第521页。
② 习近平：《高举中国特色社会主义伟大旗帜 为全面建设社会主义现代化国家而团结奋斗——在中国共产党第二十次全国代表大会上的报告》，人民出版社2022年版，第13页。

党的十八大以来，习近平总书记以钉钉子精神抓落实，找准靶子、有的放矢、务求实效纠治"四风"，强调反对形式主义和官僚主义是重要任务，从而让基层把更多时间用在抓工作落实上来。

一、找准靶子、有的放矢、务求实效，纠正"四风"问题

党的十八大以来，习近平总书记多次强调要求真务实、真抓实干、整顿工作作风，尤其要纠正干部群众反映强烈的"四风"问题。

2013年6月18日，习近平总书记在党的群众路线教育实践活动工作会议上全面地概括了"四风"，即形式主义、官僚主义、享乐主义和奢靡之风，具体表现和重要特征如下。

"在形式主义方面，主要是知行不一、不求实效，文山会海、花拳绣腿，贪图虚名、弄虚作假。有的不认真学习党的理论和做好工作所需要的知识，学了也是为应付场面，蜻蜓点水，浅尝辄止，不求甚解，无心也无力在实践中认真运用。有的习惯于以会议落实会议、以文件落实文件，热衷于造声势、出风头，把安排领导出场讲话、组织发新闻、上电视作为头等大事，最后工作却不了了之。有的抓工作不讲实效，不下功夫解决存在的矛盾和问题，难以给领导留下印象的事不做，形不成多大影响的事不做，工作汇报或年终总结看上去不漂亮的事不做，仪式一场接着一场，总结一份接着一份，评奖一个接着一个，最后都是'客里空'。有的下基层调研走马观花，下去就是为了出出镜、露露脸，坐在车上转，隔着玻璃看，只看'门面'和'窗

口',不看'后院'和'角落',群众说是"调查研究隔层纸,政策执行隔座山"。有的明知报上来的是假情况、假数字、假典型,也听之任之,甚至通过挖空心思造假来粉饰太平。

"在官僚主义方面,主要是脱离实际、脱离群众,高高在上、漠视现实,唯我独尊、自我膨胀。有的对实际情况不了解不关注,不愿深入困难艰苦地区,不愿帮助基层和群众解决实际问题,甚至不愿同基层和普通群众打交道,怕给自己添麻烦,工作上敷衍塞责、推诿扯皮、得过且过。有的不顾地方实际和群众意愿,喜欢拍脑袋决策、拍胸脯表态,盲目铺摊子、上项目,最后拍屁股走人,留下一堆后遗症。有的对上吹吹拍拍、曲意逢迎,对下吆五喝六、横眉竖目,门难进、脸难看、事难办,甚至不给钱不办事,收了钱乱办事。有的对待上级部署囫囵吞枣、断章取义,执行上级决定照本宣科、等因奉此,或者照猫画虎、生搬硬套,以前怎么做就怎么做,别人怎么做就怎么做,完全不顾本地本部门实际情况。有的官气十足、独断专行,老子天下第一,一切都要自己说了算,拒绝批评帮助,容不下他人,听不得不同意见。

"在享乐主义方面,主要是精神懈怠、不思进取,追名逐利、贪图享受,讲究排场、玩风盛行。有的意志消沉、信念动摇,奉行及时行乐的人生哲学,'今朝有酒今朝醉','人生得意须尽欢'。有的追求物质享受,情趣低俗,玩物丧志,沉湎花天酒地,热衷灯红酒绿,纵情声色犬马。有的拈轻怕重,安于现状,不愿吃苦出力,满足于现有学识和见解，陶醉于已经取得的成绩，不立新目标，缺乏新动力，'清茶报纸二郎腿，闲聊旁观混光阴'。

"在奢靡之风方面，主要是铺张浪费、挥霍无度，大兴土木、节庆泛滥，生活奢华、骄奢淫逸，甚至以权谋私、腐化堕落。有的修建豪华气派的办公大楼，甚至占地上百亩、耗资几个亿，搞得富丽堂皇，吃喝玩乐一应俱全。有的热衷于造节办节，节庆泛滥成灾，动辄花费几百万、几千万，劳民伤财啊！有的热衷于个人享受，住房不厌其大其多，车子不厌其豪华，菜肴不厌其精美，穿戴讲究名牌，对超出规定的生活待遇安之若素，还总嫌不够。有的要求超规格接待，住高档酒店，吃山珍海味，喝美酒佳酿，觥筹交错之后还要'意思意思'。有的兜里揣着价值不菲的会员卡、消费卡，在高档会馆里乐不思蜀，在高级运动场所流连忘返，在名山秀水间朝歌夜弦，在异国风情中醉生梦死，有的甚至到境外赌博场所挥金如土啊！有的作风不检点，甚至道德败坏、生活放荡，不以为耻、反以为荣。"[1]

随后，习近平总书记给出了进一步纠正"四风"的主要方案："解决'四风'问题，要对准焦距、找准穴位、抓住要害，不能'走神'，不能'散光'。反对形式主义，要着重解决工作不实的问题，教育引导党员、干部改进学风文风会风，改进工作作风，在大是大非面前敢于担当、敢于坚持原则，真正把心思用在干事业上，把功夫下

---

[1] 《习近平谈治国理政》第1卷，外文出版社2018年版，第368—370页。

到察实情、出实招、办实事、求实效上。反对官僚主义,要着重解决在人民群众利益上不维护、不作为的问题,教育引导党员、干部深入实际、深入基层、深入群众,坚持民主集中制,虚心向群众学习,真心对群众负责,热心为群众服务,诚心接受群众监督,坚决整治消极应付、推诿扯皮、侵害群众利益的问题。反对享乐主义,要着重克服及时行乐思想和特权现象,教育引导党员、干部牢记'两个务必',克己奉公,勤政廉政,保持昂扬向上、奋发有为的精神状态。反对奢靡之风,要着重狠刹挥霍享乐和骄奢淫逸的不良风气,教育引导党员、干部坚守节约光荣、浪费可耻的思想观念,做到艰苦朴素、精打细算,勤俭办一切事情。解决'四风'问题,要从实际出发,抓住主要矛盾,什么问题突出就着重解决什么问题,什么问题紧迫就抓紧解决什么问题,找准靶子,有的放矢,务求实效。"[①]

以上重要论述,切中时弊,揭露了"四风"问题的表现和特征,对准了焦距、找准了穴位、抓住了要害,打中了"四风"的靶心。可以说,一方面,为各级群众对各级干部进行民主监督指明了方向;另一方面,也为各级干部进行自我对照提供了依据,并提前敲响了警钟。

二、把力戒形式主义、官僚主义作为重要任务

2013年6月28日,习近平总书记在全国组织工作会议上指出:

---

① 《习近平谈治国理政》第1卷,外文出版社2018年版,第374—375页。

"好干部要做到信念坚定、为民服务、勤政务实、敢于担当、清正廉洁。信念坚定,党的干部必须坚定共产主义远大理想,真诚信仰马克思主义,矢志不渝为中国特色社会主义而奋斗,坚持党的基本理论、基本路线、基本纲领、基本经验、基本要求不动摇。为民服务,党的干部必须做人民公仆,忠诚于人民,以人民忧乐为忧乐,以人民甘苦为甘苦,全心全意为人民服务。勤政务实,党的干部必须勤勉敬业、求真务实、真抓实干、精益求精,创造出经得起实践、人民、历史检验的实绩。敢于担当,党的干部必须坚持原则、认真负责,面对大是大非敢于亮剑,面对矛盾敢于迎难而上,面对危机敢于挺身而出,面对失误敢于承担责任,面对歪风邪气敢于坚决斗争。清正廉洁,党的干部必须敬畏权力、管好权力、慎用权力,守住自己的政治生命,保持拒腐蚀、永不沾的政治本色。"[1]

同时,他特别强调:"形式主义、官僚主义、享乐主义和奢靡之风为什么盛行?为什么不断有人沦为腐败分子,走向犯罪的深渊?说到底,还是理想信念不坚定。我常说,理想信念是共产党人精神上的'钙',理想信念坚定,骨头就硬;没有理想信念,或理想信念不坚定,精神上就会'缺钙',就会得'软骨病'。"[2]

由此,我们至少看到了"四风"盛行的三个主要原因:一是理想信念不坚定,精神上"缺钙";二是不敬畏权力、没管好权力、用权

---

[1] 《习近平谈治国理政》第1卷,外文出版社2018年版,第412—413页。
[2] 《习近平谈治国理政》第1卷,外文出版社2018年版,第414页。

力不慎重，没有守住自己的政治生命；三是工作上不够勤政务实，没有做到勤勉敬业、求真务实、真抓实干、精益求精。

2017年12月15日，习近平总书记在中央宣传部呈报的《弘扬脱贫攻坚精神，推动农村物质文明和精神文明协调发展——寻乌扶贫调研报告》上的批示中，再次批示了如何在工作实践中力戒形式主义和官僚主义："各级领导干部要带头调研、经常调研，扑下身子，沉到一线，全面了解情况，深入研究问题，把准事物的本质和规律，找到破解难题的办法和路径。要实事求是，有一是一、有二是二，既报喜又报忧，特别要力戒形式主义、官僚主义，坚决反对在调查研究中走马观花、浅尝辄止、一得自矜、以偏概全，草率地下结论、做判断。"[1]这个重要批示，一方面，明确了调查研究对戒除形式主义和官僚主义的重要作用；另一方面，强调了坚持实事求是工作作风的重要性。

2018年1月11日，习近平总书记在党的十九届中央纪委二次全会上再次强调了执行中央八项规定的重要性："中央八项规定不是只管5年、10年，而是要长期坚持。要拿出恒心和韧劲，继续在常和长、严和实、深和细上下功夫，管出习惯、抓出成效，化风成俗。要紧盯时间节点，密切关注享乐主义、奢靡之风新动向新表现，找出可能反弹的风险点，坚决防止回潮复燃。纠正形式主义、官僚主义，一把手要负总责，对贯彻党中央精神'说起来重要、喊起来响亮、做起来挂

---

[1] 《习近平谈治国理政》第3卷，外文出版社2020年版，第500页。

空挡'的行为要严肃查处，决不允许'只听楼梯响，不见人下来'。要靠深入调查研究下功夫解难题，靠贴近实际和贴近群众的务实举措抓落实，靠一级压一级推动工作，确保党中央决策部署落地生根。"① 这段讲话给出了执行中央八项规定的三个关键点：一是中央八项规定不是一时之计，而是要长期坚持的，要拿出恒心和韧劲，严格执行，化风成俗；二是要紧盯关键时间节点，密切关注享乐主义、奢靡之风新动向新表现；三是一把手要负总责，用贴近实际和群众的务实举措抓落实，靠一级压一级推动工作，确保党中央决策部署落地生根。

2019年1月11日，习近平总书记在党的十九届中央纪委三次全会上指出："要把力戒形式主义、官僚主义作为重要任务。反对形式主义要着重解决工作不实问题，督促领导干部树立正确政绩观，克服浮躁情绪，抛弃私心杂念。反对官僚主义要着重解决在人民群众利益上不维护、不作为问题，既注重维护最广大人民根本利益和长远利益，又切实解决群众最关心最直接最现实的利益问题。各地区各部门党委（党组）要履行主体责任，紧盯形式主义、官僚主义新动向新表现，拿出有效管用的整治措施。各级领导机关要把自己摆进去，带头查摆自身存在的形式主义、官僚主义问题。各级纪检监察机关要把整治形式主义、官僚主义摆在突出位置来抓，对典型案例一律通报曝光。"②

同时他强调："形式主义、官僚主义是目前党内存在的突出矛盾

---

① 《习近平谈治国理政》第3卷，外文出版社2020年版，第507页。
② 《习近平谈治国理政》第3卷，外文出版社2020年版，第503页。

第五章 一张蓝图绘到底——坚持以钉钉子精神抓落实

和问题,是阻碍党的路线方针政策和党中央重大决策部署贯彻落实的大敌。现实生活中,有的落实党中央决策部署不用心、不务实、不尽力,口号喊得震天响、行动起来轻飘飘,把说的当做了,把做了当做成了。有的地方要求事事留痕,把'痕迹'当'政绩',把精准扶贫搞成了精准填表,用纸面数字来展现所谓扶贫成效。有的工作拖沓敷衍,遇事推诿扯皮、回避矛盾和问题,一点点小事都要层层上报请示,看似讲规矩,实则不担当。有的拍脑袋决策,搞家长制、'一言堂',把个人凌驾于组织之上,容不下他人,听不得不同意见。有的地方问责泛化滥用,动不动就签'责任状'、搞'一票否决',甚至把问责作为推卸责任的'挡箭牌'。这些问题必须从讲政治的高度来审视,从思想和利益根源上来破解。形式主义背后是功利主义、实用主义作祟,政绩观错位、责任心缺失,只想当官不想干事,只想出彩不想担责,满足于做表面文章,重显绩不重潜绩,重包装不重实效。官僚主义背后是官本位思想,价值观走偏、权力观扭曲,盲目依赖个人经验和主观判断,严重脱离实际、脱离群众。这些思想和行为,都会使党的路线方针政策难以贯彻,使群众热切期待落空,使党的执政基础受到侵蚀。"[1]

这是对力戒形式主义和官僚主义的详细剖析,至少在工作实践和抓落实上给出了四个重要警戒:一是一些领导干部没有树立正确的政

---

[1] 《习近平谈治国理政》第3卷,外文出版社2020年版,第502—503页。

绩观，工作中存在浮躁情绪和私心杂念，在人民群众利益上存在不维护、不作为问题；二是一些干部没有从讲政治的高度来审视自己，没有从思想和利益根源上来破解这个难题；三是形式主义背后是功利主义、实用主义作祟，一些干部只想当官不想做事；四是官僚主义背后是官本位思想，一些干部价值观走偏、权力观扭曲，靠拍脑袋想当然进行重要决策。

三、让基层把更多时间用在抓工作落实上来

2018年11月26日，习近平总书记在主持十九届中央政治局第十次集体学习时强调，要把干部从一些无谓的事务中解脱出来，并指出："现在，'痕迹管理'比较普遍，但重'痕'不重'绩'、留'迹'不留'心'；检查考核名目繁多、频率过高、多头重复；'文山会海'有所反弹。这些问题既占用干部大量时间、耗费大量精力，又助长了形式主义、官僚主义。过去常说'上面千条线、下面一根针'，现在基层干部说'上面千把锤、下面一根钉'，'上面千把刀、下面一颗头'。这种状况必须改变！党中央已经对纠正这些问题提出了要求，各地区各部门各方面要抓好落实。要加强信息资源共享，不能简单以留痕多少、上报材料多少来评判工作好坏。能利用现有数据材料的就不要基层反复提供，不要为了图自己方便，同样的材料反复要、次次要、年年要，不要每个部门都去要同样的材料，不要什么人都去要材料。这方面要有个章法，把基层从提供材料的忙乱中解放出来。要控制各级

开展监督检查的总量和频次,同类事项可以合并的要合并进行,减轻基层负担,让基层把更多时间用在抓工作落实上来。"①

2017年12月25日至26日,习近平总书记在主持中共中央政治局民主生活会时提出:"形式主义、官僚主义同我们党的性质宗旨和优良作风格格不入,是我们党的大敌、人民的大敌。中央政治局的同志必须带头树立正确政绩观,始终做老实人、说老实话、干老实事,自觉反对形式主义、官僚主义。中央政治局的同志不仅要带头不搞形式主义、官僚主义,而且要同形式主义、官僚主义的种种表现进行坚决斗争,聚焦突出问题,充分认识形式主义、官僚主义的多样性和变异性,摸清形式主义、官僚主义在不同时期、不同地区、不同部门的不同表现,紧密联系具体实际,既解决老问题,也察觉新问题;既解决显性问题,也解决隐性问题;既解决表层次问题,也解决深层次问题,抓出习惯,抓出长效。"②

这主要揭示了"四风"问题的本质特征:一是其看似新表现,实则老问题,具有顽固性、反复性;二是形式主义、官僚主义同我们党的性质宗旨和优良作风格格不入,是我们党的大敌、人民的大敌;三是充分认识到形式主义、官僚主义具有多样性和变异性,应摸清形式主义、官僚主义的不同表现,紧密联系具体实际,看透其表层问题,解决其深层次问题,抓出习惯,抓出长效。

---

① 《习近平谈治国理政》第3卷,外文出版社2020年版,第501—502页。
② 《习近平谈治国理政》第3卷,外文出版社2020年版,第500—501页。

经济工作方法论

2018年6月29日,习近平总书记在十九届中央政治局第六次集体学习时提出:"实干方能兴邦、实干方能强国、实干方能富民。一切不思进取、庸政怠政、明哲保身、得过且过的思想和行为都是同人民群众期盼、同新时代新要求格格不入的。要教育和激励广大党员、干部锐意进取、奋发有为,把精力和心思用在稳增长、促改革、调结构、惠民生、防风险上,用在破难题、克难关、着力解决人民群众最关心最直接最现实的利益问题上。对敢抓敢管、真抓实干、勇于担当的干部组织上要为他们加油鼓劲、撑腰壮胆,对尸位素餐、光说不练、热衷于对实干者评头论足甚至诬告陷害的人要严肃批评、严格问责,在全党形成以担当作为为荣、以消极无为为耻的浓厚氛围。"[1]

这段重要论述至少强调了三个关键问题:一是民心是最大的政治,"四风"若长期存在将成为失去民心的主要"病灶";二是领导干部只有求真务实、真抓实干,才能赢得民心;三是全党要逐步形成以担当作为为荣、以消极无为为耻的浓厚氛围。

---

[1] 《习近平谈治国理政》第3卷,外文出版社2020年版,第95页。

后 记

习近平经济思想作为习近平新时代中国特色社会主义思想的重要组成部分,是中国共产党不懈探索社会主义经济发展道路形成的宝贵思想结晶,是运用马克思主义政治经济学基本原理指导新时代经济发展实践形成的重大理论成果,是新时代我国经济工作的科学行动指南。要把学习贯彻习近平经济思想作为一项长期的政治任务,学好用好经济工作方法论,学深悟透,久久为功。我们要自觉做习近平经济思想的坚定信仰者、忠实践行者、积极传播者,各级党员干部特别是从事经济工作的领导干部要把学习贯彻习近平新时代中国特色社会主义思想,特别是习近平经济思想作为一项重大政治任务,带着信念学、带着感情学、带着使命学,在学懂弄通做实上下大功夫,切实做到学思用贯通、知信行统一。

习近平总书记指出:"领导干部要加强理论修养,深入学习马克思主义基本理论,学懂弄通做实新时代中国特色社会主义思想,掌握贯穿其中的辩证唯物主义的世界观和方法论。"我们要坚持稳中求进工作总基调，以稳求进、以进固稳。坚持系统观念，优化经济治理方式，统筹兼顾、综合平衡，突出重点、带动全局。坚持目标导向和问题导向相结合，既以目标为着眼点，在统筹谋划、顶层设计上下功夫；又以问题为着力点，在补短板、强弱项上持续用力。坚持集中精力办好自己的事，善于把外部压力转化为深化改革、扩大开放的强大动力。坚持以钉钉子精神抓落实，一茬接着一茬干，一张蓝图绘到底。

本书力图从习近平经济思想出发，对习近平经济思想的方法论体系进行系统梳理和理论解读。本书是分工合作的成果，西北工业大学马克思主义学院副教授宁殿霞、山东大学经济学院副教授朱鹏华、北京航空航天大学马克思主义学院讲师田英、北京理工大学马克思主义学院长聘副教授宋珊珊、上海应用技术大学讲师申唯正，分别撰写了本书的第一、二、三、四、五章的初稿。本书的框架设计、前言、后记、编稿定稿由中国社会科学院哲学研究所党委书记王立胜完成。中国社会科学院哲学研究所助理研究员马彦涛同志在该书的成稿过程中进行了一定的沟通联络，宁殿霞同志为本书的成稿进行了认真的校对，在此一并表示感谢。

我们真诚希望这本辅导读物的撰写和出版，能够帮助大家深入学习和领会习近平总书记关于经济工作的系列重要讲话精神，正确把握习近平经济思想的方法论要旨。将坚持稳中求进工作总基调、坚持系统观念、坚持目标导向和问题导向相结合、坚持集中精力办好自己的事、坚持以钉

后 记

钉子精神抓落实五大经济工作方法贯彻到经济工作的具体实践中，使各级领导干部成为运用践行习近平经济思想的高手、能手。

王立胜

2023 年 5 月